영국 빅토리아 여왕과 귀족 문화

QUEEN VICTORIA

무라카미 리코 지음 문성호 옮김

만년의 여왕을 포착한 초상 사진. 검은 옷을 입고, 입을 꽉 다문 엄숙한 모습으로 먼 곳을 바라본다. 1899년.

시작하기 전에

빅토리아 여왕이라는 이름을 들으면, 어떤 이미지가 떠오를까.

만년의 검은 상복을 입고, 통통한 체형에, 기분 나쁜 듯한 표정을 한 늙은 여성. 이것이 영국에서 대부분의 사람들이 떠올리는 모습일 것이다. 아니면 근래의 영화《영 빅토리아(The Young Victoria)》(2009), TV 드라마《빅토리아(Victoria)》(2016) 등 즉위 직후의 로맨스 요소를 강조한 영화나 드라마도 나왔으므로, 작은 몸집의 냉혹한 젊은 여성이 바로 떠오르는 사람이 늘어났을지도 모른다.

중년기 이후의 '엄숙한 얼굴을 한 검은색투성이의 과부' 이미지는, 그녀 자신이 원해서 만들어진 것인 듯하다는 점은 남겨진 편지로 알 수 있다. 초상화를 너무 리얼하게 그린 건 아닌지(더 미화하는 편이 낫지 않을까)라며 신경 쓰는 화가에게, 50대의 여왕은 그렇지 않다고 확실하게 대답했다. 딸에게는 여왕인 이상 진지한 얼굴을 하고 있어야만 한다고 전했다고 한다.

하지만 그런 당사자의 의향이 무색하게, 감수를 받지 않은 비공식 풍자만화와 보도용 삽화, 교육용 그림책 등도 대량으로 돌아다녔다. 19세기에는 출판, 인쇄, 사진, 복제 문화가 꽃을 피우던 시대이다. 친숙한 서민적인 대가족의 아내, 어머니, 할머니, 정치가를 꾸짖는 여신…. 상냥할 것 같기도 했다가 엄하기도 하고, 그림 속의 그녀의 얼굴은 한 가지가 아니다. 물론 그건 다른 사람이 생각하는 이미지로

✤ 즉위 50주년과 60주년을 기념해 수없이 출판된 기념본 중 하나. 손주와 자식들에게 둘러싸인 상냥한 할머니, 어머니, 과부의 이미지가 투영되어 있다. 『황금의 50년(黃金の50年, Fifty Golden Years: Incidents in the Queen's Reign)』 1887년.

실상 그대로는 아니지만, '이렇게 보이고 싶다'는 본인의 의식과 '이렇게 보고 싶다'는 국민의 바람 그 중간 지점에 생긴 상이었던 건지도 모른다.

　이 책에서는 초상화나 사진, 그림책이나 풍자화 등 다양한 타입의 화상을 이용해 일기나 편지 등을 해석함으로써 여왕의 공적인 생활, 즉 대관식, 결혼식, 기념식전 같은 왕궁 의식 및 정치 활동과 사적인 생활, 즉 연애나 고민, 가족이나 측근과의 관계, 식생활과 주거 등에 대해 조사해나간다. 앨버트 공과 여왕의 모습을 시간의 흐름에 따라 따라감으로써 본인의 이상과 주위의 기대 사이에 있었을지도 모르는 그녀의 맨얼굴을 발견하고자 한다.

1838년에 열린 대관식 때의 모습을 그린 초상화. 중후한 전통을 몸에 둘렀지만 아직 앳된 19세의 여왕. 조지 헤이터(Sir George Hayter) 그림. 1838~40년

제**1**장
즉위 준비

1819~1837

✤ 18세의 여왕

6시에 어머니가 깨워 캔터베리 대주교 윌리엄 하울리(William Howley)와 커닝엄 경(Sir Cunningham, 궁내부 장관[Lord Chamberlain])이 와서 내게 면회를 요청했다고 했다. 나는 침대에서 일어나 거실로 갔다(파자마 차림인 채로). 그리고 혼자서 그들과 만났다. 커닝엄 경은 유감스럽게도 나의 할아버지, 국왕께서 이미 세상에 없다는 것, 오늘 새벽 2시 12분에 숨을 거두었으며 이로 말미암아 내가 여왕이 되었다는 사실을 고했다. 커닝엄 경은 무릎을 꿇고, 내 손에 입맞춤을 했다.

- 빅토리아의 일기(1837년 6월 20일)

알렉산드리나 빅토리아(Alexandrina Victoria Hanover)는 1819년 5월 24일 이 세상에 태어났다. 당시의 왕은 조지 3세, 모친은 작센 코부르크 잘펠트(Sachen-Coburg Saalfeld) 공 가문의 빅투아르, 부친은 조지 3세의 4남인 켄트 공작 에드워드. 소녀 시절에는 알렉산드리나를 줄여서 드리나라고 불렀다.

탄생한 시점에 아버지 켄트 공에게는 세 사람의 형이 건재했으나, 모두가 정식 결혼에 의한 자식이 없었다. 만약 이 백부들 중 누군가가 적자를 얻었거나, 아니면 선왕이 살아 있는 동안 빅토리아에게 동생이 생겼다면 남자 우선인 계승 순위 때문에 왕위가 돌아오지 않았을 가능성도 있었다. 하지만 빅토리아가 겨우 8개월이 됐을 때 아버지인 켄트 공이 세상을 떠나 동생이 태어날 가능성은 사라졌으며, 백

✤ 즉위 알림. 메리 고(Mary Gow). 1895년.

✤ 대관식 때 그려진 조지 4세의 초상. 토머 스 로런스(Thomas Lawrence) 그림. 1821년.

✤ 빅토리아의 조부, 조지 3세. 토머스 게인 즈버러(Thomas Gainsborough) 그림. 1781년.

부의 자식들도 일찍 세상을 떠났기 때문에 빅토리아는 겨우 18세의 나이로 영국의 군주가 된다.

빅토리아의 소녀 시절 왕위에 있었던 조지 4세는, 재위 기간은 1820~30년으로 짧지만 그보다 이전인 18세기 말부터 정신질환이 있었던 아버지 조지 3세의 '섭정 왕세자(Prince Regent)'로서 실질적으로 권위를 떨치고 있었다. 건축이나 예술, 패션 등 다양한 분야에 영향을 미쳤으며, 이 시대의 문화는 '섭정 시대 양식(Regency)'이라 불린다. 하지만 조지 4세는 왕비를 버리고 연인과 사치스러운 생활을 보

✤ 켄트 공 부인 빅투아르(Victoire)와 빅토리아 왕녀. 윌리엄 비치
(William Beechey)의 작품을 헨리 본(Henry Bone)이 모사했다. 어린
빅토리아는 돌아가신 아버지의 정밀화를 안고 있다. 1824년경.

낸 끝에, 건강을 해쳐 은둔 생활을 하게 되었기에 국민들에게는 굉장
히 미움을 받았다. 그다음이었던 윌리엄 4세는 대중적인 인기는 있
었지만 60대에 즉위해 왕위에 있었던 것은 겨우 7년뿐이었다. 늙은
군주들이 퇴장하고, 어리고 작은 몸집의 18세 소녀가 여왕이 된다
―. 그녀의 등장은 사람들에게 얼마나 신선하고 새로운 시대의 도래
를 느끼게 했을 것인지.

　이 장에서는 여왕의 시대로 가기 전에, 약간 시간을 거슬러 올라가
즉위에 이르기까지의 유·소년기의 삶을 탐구해보자.

❧ 남성 지도교사 (Tutor)인 조지 데이비스 목사.

❧ 공식(스테이트) 거버너스'로 임명된 노섬벌랜드 공작 부인. 명목만이고 실제 교육에는 관여하지 않았으며, 공식 행사나 행차 시에만 함께했다.

❧ 빅토리아의 가정교사 루이즈 레첸. 퀘프케가 그린 정밀화. 1842년경.

❖ 주도면밀하게 준비된 소녀

나는 굉장히 검소하게 자랐다.—어른이 되기 직전까지 내 방이 없었다.—왕위에 오르기까지 항상 어머니의 방에서 잤다. 클레어몬트 저택(어머니의 동생, 숙부 레오폴드의 잉글랜드에서의 주거지)이나 해변의 마을에서 체재했던 작은 집에서는, 난 가정교사(Governess)의 방에 앉아 수업을 받았다. 어릴 적에 공부는 그다지 좋아하지 않았다.—날 가르치려던 사람들의 노력은 실패의 연속이었다. 5세가 될 때까지는.—이때 눈앞에서 적으면서 가르쳐준 덕분에 난 문학을 배우는 데 동의한 것이다.

❖ 켄트 공 부인이 켄트 공과 결혼하기 전에 낳은 이부(異父)언니 페오도라. 빅토리아보다 12세 연상이다.

❖ 빅토리아의 이부오빠 찰스. 아버지의 뒤를 이어 라이닝겐 후가 되어 독일에서 살았다. 빅토리아의 사위인 론 후작 존 캠벨(John Campbell)이 쓴 여왕전 『V.R.I.: 그녀의 생애와 제국(V.R.I.: Queen Victoria, Her Life and Empire)』에서. 1901년.

❖ 윌리엄의 아버지, 켄트 공 에드워드. 윌리엄 비치 그림. 1818년.

-1872년에 여왕 자신이 직접 쓴 소녀 시대의 회상. 아서 크리스토퍼 벤슨, 에서 자작 편집 『빅토리아 여왕의 편지(The Letters of Queen Victoria)』(1907)

모친인 켄트 공비 빅투아르는 켄트 공과 결혼하기 전의 첫 번째 결혼에서 아들 찰스(독일 이름 카를)와 딸 페오도라를 낳았다. 특히 이부 언니인 페오도라와 빅토리아는 어린 시절부터 사이가 좋았지만, 이 언니가 결혼해 영국을 떠나버리자 왕녀는 주변에 어른들로 둘러싸인 생활을 보내게 된다. 본인의 회상에 의하면, 소녀 시대는 '고독'하

❖ 빅토리아의 어머니의 동생, 벨기에 왕 레오폴드 프란츠
빈터할터(Franz Xaver Winterhalter) 그림. 1840년.

고 '멜랑콜리'로 뒤덮여 있었다고 한다. 교사의 딸이나 사촌 등 실제
로는 동년배의 대화 상대도 있었으나, 마음을 열 상대는 독일인 가정
교사인 여성 남작(Baroness) 루이즈 레첸(Louise Lehzen)과 킹 찰스 스
패니얼 견종인 반려견 대시 정도였다. 원래는 페오도라의 가정교사
로 왔던 레첸은 항상 무슨 일이 있든 빅토리아의 전면적인 아군이 되
었다. 그 후 가정교사가 필요 없어지는 나이가 지난 후에도 계속 머

물렀으며, 여왕이 된 후에도 비공식적인 상담역, 비서, 주위와의 연락책을 맡게 된다.

모친인 켄트 공 부인은 세상을 떠난 남편의 시종무관(Equerry)이었다가 자신의 회계관(Controller)으로 등용된 존 콘로이(John Ponsonby Conroy)와 함께 딸이 세간의 눈을 최대한 피하게 하고, 동시에 모럴 면에서 의심스러운 왕궁 사람들과도 심리적으로 깊게 엮이지 않도록 켄싱턴 궁전에 격리하듯이 키웠다.

'켄싱턴 시스템'이라 불리는 이 체제에 둘러싸여 빅토리아는 다양한 교사들에게 교육을 받게 되었다. 조지 데이비스 선생을 시작으로 한 성직자 남성교사(Tutor)와 루이즈 레첸 등 여성 가정교사(Governess), 음악 교사와 댄스 교사 등이 과목별로 차례로 불려왔다. 자국의 역사, 역대 영국왕 암기가 중요시되었다. 켄트 공 부인의 동생 레오폴드는 빅토리아에게 돌아가신 아버지를 대신하는 사모의 대상이었으며, 동시에 지적인 인도자이기도 했다. 그는 세계 각지에서 현지의 정세를 적어 보내주었고, 편지를 통해 지리와 정치, 국제 정세의 지식을 전수했다. 자신이 여왕이 될 것이라는 사실을 그녀가 아직 모르던 시절부터 빅토리아는 어머니와 콘로이, 레오폴드의 유도로 '그날'을 위한 준비를 착착 쌓아가고 있었다.

도덕 교육은 매우 공을 들여 이루어졌다. 상상력을 자극하는 이야기가 아니라, 좋은 아이가 되기 위한 도덕 교본을 주고 읽게 했다. 11세에는 '예의범절 수첩(Behavior Book)'을 주고 '오늘은 착한 아이(good)였는가' 같은 짧은 기록을 매일 써서 제출하게 했다. 전체적으로는 훌륭한 자기 평가였으나, '엄마에게는 나쁜 아이(naughty)였다',

❀ 4세 시절의 빅토리아. 스티븐 포인츠 데닝(Stephen Poyntz Denning)의
초상화를 기초로 한 인쇄화. 1823년

'굉장히, 굉장히 나빴다', '굉장히, 굉장히, 굉장히 무서울 정도로 나빴다!!!!'라며 전부 대문자로 적혀 있는 데다 4중으로 밑줄이 그어져 있는 그런 날도 때때로 있었다.

1832년 7월, 13세일 때 어머니가 일기장을 준 일을 계기로 빅토리아는 더욱 구체적으로 하루하루의 기록을 일기로 남기기 시작했다. 이 일기는 가족의 죽음 등 도저히 말로 할 수 없을 것 같은 중대한 일이 일어났을 때 중단하는 경우는 있었지만 반드시 재개되었고, 세상을 떠나기 직전까지 계속 기록되었

✽ 1830년, 11세 때 휴양지로 알려진 그레이트 모르벤에 체재할 때 있었던 일. 『V.R.I.』 1901년.

다. 또 언니, 숙부, 아이들, 가족과 친척에게는 대량의 편지를 썼다.

레첸과 함께 인형놀이를 하거나 이야기를 창작하기도 했다. 줄거리나 문체는 자신이 읽어본 적이 있는 아동용 교훈 이야기를 흉내 냈고, 주인공은 자신의 분신 같은 여자아이를 내세웠다. 다만 히로인들은 프린세스가 아니라 마치 중류 가정의 사모님이나 딸로 보이는 경우가 많았다고 한다. 가본 적이 없는 학교도 무대로 사용했다.

빅토리아가 어른이 되어 남편과 아이들에게 둘러싸여 보낸 건실

✤ 빅토리아 왕녀와 같은 연령대의 천재 연주가를 초대해 하프를 연습하게
했더니, 잠시 눈을 돌린 틈에 같이 놀이를 시작해버린 그림.

하고 도덕적인 삶은 19세기 중류 계급 사람들에게 가정적 도덕의 모범이 되었다고 평가받는 경우도 있었다. 그 원점에는 가족이 없던 왕녀가 도덕 교본과 인형놀이로 생각해낸 공상의 가정 이야기가 있었다고 한다면, 참으로 얄궂은 상황이라 할 수 있을지도 모른다.

빅토리아가 생애에 걸쳐 글을 쓰는 것, 문장으로 자신을 표현하는 것을 좋아한 것은 틀림없다. 다만 엮음새나 문법에 대한 평가는 높지 않았고, 어설픈 부분도 있었던 모양이다. 누구보다도 위에 있던 입장이었던 만큼 어떻게 쓰든 주변에서 이해하고 알아보는 상황이 당연했기 때문일까.

적은 것들은 모친이 매일 체크했고, 당연하지만 왕녀가 읽는 것들도 엄하게 제한되었다. 켄트 공 부인은 침실에서 옷을 갈아입을 때, 딸이 하인이나 여관(女官)과 필요 이상으로 잡담을 해 영향을 받지 않도록 가정교사에게 트리머 부인의 도덕 교본을 낭독해 들려주도록 명령했다. 당사자의 시점으로 생각한다면 모든 면에서 모친의 간섭과 제한이 많았던 소녀 시대였음을 엿볼 수 있다.

❖ 왕녀 빅토리아의 일과

19세기 상류 계급의 여자 교육은 학교에 보내기보다는 가정 내에서 이루어지는 것이 대부분이었다. 빅토리아도 예외는 아니었다. 나이를 먹어감에 따라 교육 내용이 진전되었으며, 1829년 10세일 때의 어느 평일의 시간 분배는 다음과 같았다.

오전　9시 30분　　지리와 박물학
　　　10시 30분　　회화
　　　11시 30분　　산책과 놀이(2시간 30분)
　　　점심(Dinner)　(1시간)
오후　3시　　　　　라틴어, 회화
　　　4시　　　　　프랑스어
　　　5시　　　　　복습
　　　6시　　　　　놀이(30분)
-린 발론(Lynne Vallone) 『비커밍 빅토리아(Becoming Victoria)』(2001).

　일과는 약 1시간 단위로 시간이 구분되어 있었으며, 라틴어 레슨을 받았다는 것이 눈길을 끈다. 고대 그리스나 로마의 고전 문화는 당시 상류 계급 남자들에게 필수 교양이었으며, 여자들에게는 요구되지 않았다. 19세기 영국에서 여성은 지성 면에서 남성보다 떨어지는 게 당연하다고 여겨졌다(물론 그게 사실이 아니라는 것은 현대의 상식이다). 오히려 신분이 높은 여성이 과도한 지식을 몸에 익히면 여성스러움이 손상되고, 결혼할 수 없게 된다는 소리도 널리 퍼져 있었다. 하지만 여성이라 해도, 군주가 되려면 역사와 고전 문화와 깊은 연관이 있는 라틴어는 반드시 배워야만 했다.

　당시의 '숙녀의 소양(Accomplishments)'인 프랑스어, 회화, 음악과 댄스도 배웠다. 일단은 장래에도 자신의 가계부를 기록할 일은 없으리라 생각되는 입장임에도, 장부 적는 방법을 배웠고, 스스로 자유로

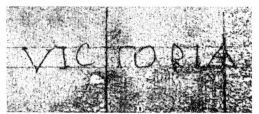

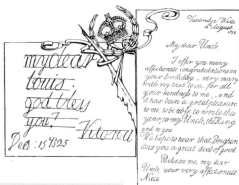

❖ 왼쪽부터 6세 때 겨울과 7세 때 여름에 적은 빅토리아
의 편지. 차차 나아진 흔적이 엿보인다.

이 용돈 출납을 기록했다. 재봉도 배웠다.

빅토리아는 그림을 그리는 걸 무척 좋아했는데, 세부 묘사에 집착
하는 그림을 그렸다. 빅토리아의 일기에는 연극이나 오페라를 보고
마음에 들었던 여배우의 의상이나 대관식, 결혼식 때 가족이나 친구
들이 입었던 것들을 그린 스케치가 가끔 섞여 있다. 레첸과 만든 이
야기에는 독특한 삽화를 그려 넣었다. 습작들을 베껴 그려서 색도
칠해져 있었다.

앞서 말했던 것처럼 엮음새나 문법은 특기가 아니었지만, 다른 과
목에 대해서는 교사들도 보증할 정도였다. 역사, 지리, 수학, 독일어,

특히 시 암창은 칭찬을 받았다. 또 모친인 켄트 공 부인 자신은 빅토리아의 탄생과 함께 독일의 아모르바흐(Amorbach)에서 영국으로 이주했기 때문에 익숙한 언어는 독일어이며 영어는 그다지 잘하지 못했다. 하지만 딸은 언젠가 영국의 여왕으로서 완벽하게 행동할 수 있도록 평소에는 영어로 소통했고, 독일어 수업은 7세가 된 후에 시

❋ 스케치북을 손에 든 11세 정도의 빅토리아. 그녀의 회화 교사도 맡았던 로버트 웨스톨이 그린 초상화. 1830년.

작했다.

이때쯤부터 빅토리아는 보이스 레슨도 받았다. 그녀의 목소리의 매력은 널리 알려져 있으며, 젊은 시기부터 노년기를 맞이한 후에도 여왕이 말하는 걸 직접 들은 사람들은 모두 그 방울이 굴러가는 듯한 아름다운 목소리와 부드러운 말투를 칭찬했다.

이렇게 하여 빅토리아 왕녀는 19세기의 상류 계급 여성에게 요구되는 '숙녀의 소양'과 군주에게 요구되는 특수한 지식, 기능 양쪽 모두를 어린 시절부터 즉위 직전인 10대 시절까지 받았던 것이다.

❖ 검소한 식사

우리는 굉장히 검소하고 소박한 격식에 따라 살았다. 조식은 오전 8시 반, 중식(Luncheon)은 낮 1시 반, 정찬(Dinner)은 저녁 7시. 전반적으로 식사 때에는 (평소와 다른 커다란 정찬회가 아닐 경우에는) 빵과 우유를 작은 은제 그릇에 담아 먹었다. 차는 나이를 좀 더 먹은 후 특별한 만찬일 때만 허용되었다.

-1872년, 여왕 자신의 회상(1908)

그녀가 기억하는 한, 즉위 전까지의 빅토리아 왕녀의 식사 메뉴는 서민의 그것과 크게 다르지 않은, 전반적으로 검소한 것이었다. 그렇다고는 해도 위의 문장은 약 반 세기 정도가 지난 후에 과거를 주

❦ 어머니와 작은 새와 함께 차를 마시는 어린 빅토리아. 아이들용 그림책에 이상적인 모습으로 그려진 어린 시절. 세라 A 툴리(Sarah A Tooley) 『빅토리아 여왕의 개인적인 생활(The Personal Life of Queen Victoria)』 1896년.

관적으로 돌아보고 적은 회상이며, 아무리 그래도 매일 아침, 점심, 저녁을 빵과 우유만 먹으며 생활하진 않았을 것이다. 심플하게 조리한 고기도 식탁에 올라왔을 것이다.

　19세기의 영국에서 아이들에게는 '영양가가 있고 소화가 잘되는 것'을 줘야 한다는 사고방식이 유포되고 있긴 했지만, 현대에는 상식인 비타민 등 세세한 성분은 아직 잘 알지 못했으며, 추천하는 음식물이라면 고기, 우유, 충분히 불에 익힌 채소, 빵 등이었다. 또 식사와 도덕을 연결지어 생각하기도 했으며, 아이들에게 달콤한 과자, 스

파이스가 들어간 매운 요리, 풍미가 강한 것을 주는 것은 인격 형성
에 좋지 않다고 설교하는 전문가도 있었다.

빅토리아가 어떤 음식을 좋아했는지에 대해서는 다양한 설이 있
다. 음식 역사가 애니 그레이(Annie Grey)는 『먹보 여왕(The Greedy
Queen: Eating with Victoria)』(2017)에서 고기는 양고기, 그리고 평생
에 걸쳐 생과일을 굉장히 좋아했다고 기술했다. 귀족의 전원 저택
(Country House)에 체재할 때는 열심히 키친 가든이나 온실을 방문했
고, 때로는 그 자리에서 맛보기도 했다. 1832년에는 '월콧 홀'에서 망
고를 바라보았고, 1833년에는 '멜버리 홀'에서 구즈베리, 포도, 버찌
를 나무에서 따서 그대로 먹었던 일을 일기에 적었다. 1880년대부
터 90년대에 여왕의 여관 일을 맡았던 마리 맬릿(Marie Mallet)에 의

하면, 그녀가 본가에서 보내준 포도나 사과를 식탁에 올리면, 여왕은 기뻐하며 크기와 색 등을 품평했고, 먹기 전에 무게를 재며 칭찬했다고 한다.

특별한 기회에 특별한 맛과 만난 날은 기록으로 남길 가치도 있지만, 평소의 단조로운 식사가 기록된 일은 거의 없다. 어린 시절의 빅토리아는 아이 방에서 어른들의 메뉴와는 다른, 육아 서적에서 추천한 것 같은 '소화에 좋고, 담백하고, 자극이 적고, 검소한' 식사를 매일 먹었던 것이 아닐지.

당시의 상·중류 계급의 식습관은, 아이의 저녁은 부모와는 별개로 아이 방에서 먹는 것이 일반적이었다. 연대에 따라서도 다르지만, 오후의 차나 저녁 식사 때 하인이 아이를 치장시켜 어른의 식탁에 보내 잠시 부모와 지낸 후 침대로 가게 했다. 빅토리아도 그러한 관습에 따라 자랐지만, 13세가 넘어 보통은 아이 방에서의 식사를 졸업해도 좋을 시기가 되었음에도, 켄싱턴 궁전에 손님을 초대한 모친 주최의 정식 정찬회에는 거의 동석하지 못하고 그저 손님에게 모습을 보여주는 정도뿐이었고, 자신의 방에서 아이용 저녁 식사를 먹는 경우도 많았다고 한다. 켄트 공 부인은 빅토리아가 즉위할 때까지 같이 침실에서 자고, 가능한 한 딸을 자기의 컨트롤 아래에서 키우려는 의도가 있었다. 하지만 사교 행사로서의 정찬에는 적극적으로 출석시키지 않았다. 이때의 의도는 어른으로 취급하지 않고, 아이인 채로 머물게 하고 싶었던 것이다.

어머니인 켄트 공 부인과 측근이자 브레인인 존 콘로이에 대해서는, 빅토리아를 세간과 격리해 아이 취급을 했다는 점에서 역사가나

✤ 여왕으로 즉위한 후의 호화로운 연회. 황금의 식기가 놓여 있고, 수프나 고기 요리, 과일까지 식탁이 차고 넘칠 만큼 한 번에 식탁에 다 올렸다. 『일러스트레이티드 런던 뉴스(Illustrated London News)』 1844년 10월 19일.

전기 작가들의 견해가 일치한다. 그렇게 함으로써 나아가서는 콘로이는 사설 비서, 모친은 섭정으로 지명되어, 즉위 후에도 영향력을 확보하려 했다. 당사자의 생각은 당연히 별개였다.

❖ 1820년대의 아동복

의복도 식사와 마찬가지로 검소한 것들을 선택했다. 소녀 시대에 계속 입었던 것은 18세기 말부터 19세기 초까지 폭넓게 보급되었던 스타일의 아동복으로, 커다랗게 뚫린 목덜미, 짧은 퍼프 슬리브(Puff Sleeve, 주름을 잡아 소맷부리나 어깻죽지를 부풀린 것-역주), 낙낙해서 하반신을 움직이기 편한 스커트를 높은 위치에서 허리띠로 조인 '엠파이어 스타일(Empire Style, 앙피르 스타일, 나폴레옹 1세의 제정 시대를 중심으로 한 19세기 초두의 복장 양식. 그리스를 연상케 하는 간결하고 직선적인 스타일이 특징-역주)' 디자인이었다. 체크무늬 원피스나 전체에 골드 레이스를 장식한 드레스도 남아 있지만, 전체적으로 화려하지는 않았다.

초상화나 스케치로 묘사된 소녀 시대의 빅토리아 왕녀는 하얀색의 심플한 드레스를 입은 경우가 많았으며, 천사처럼 순진무구하고 로맨틱한 이미지로 묘사되었다.

어느 시대든 아이들의 옷은 부모나 보호자가 고른다. 그리고 아이들의 초상화는 이 아이를 이렇게 봐줬으면 한다, 이렇게 보였으면 좋겠다는 그리는 자와 보는 자의 소망에 따라 그려진다. 그때의 왕녀는 천사 같았으면 좋겠다고 누구나 생각했을 것이다.

한편 그렇게 그려진 그녀 자신의 내면에서는 개성과 독립심이 착실하게 자라나고 있었다. 지도교사인 데이비스 선생님은 어린 그녀가 자신의 의지를 지녔다는 점과 '레슨보다 먼저 보상을 요구'하는 강한 성격을 지녔음을 일기에 적었다.

❖ 미래의 여왕의 수학여행

버밍엄에서 방금 말을 교체했다. 2년 전 여기서 공장을 견학했는데 굉장히 흥미로웠다. 큰 비가 내린다. 방금 탄광투성이인 마을을 지나쳤다. 멀리 불꽃이 솟아오르는 것이 보인다. 여기저기의 기계(Engine)에서 나오는 것이다. 남자, 여자, 아이,

마을, 집 모두가 검은색이다. 하지만 어떤 말로도 그 특이하고 터무니없는 모습은 다 전달할 수가 없다. 이 땅은 전부 황폐해져 있다. 여기저기에 석탄이 있으며, 풀도 시들어 시커먼 색이 되었다. 방금 굉장히 특이한 건물이 불타오르는 걸 보았다. 마을은 여전히 시커멓고, 기계는 불을 뿜고, 석탄이 대량으로 여기저기에 있고, 연기를 뿜으며 타는 석탄이 쌓이고, 초라한 작은 집이나 손수레, 낡은 옷을 입은 작은 아이들이 시끄러운 소리를 낸다.

-빅토리아의 일기(1832년 8월 2일)

1830년에 조지 4세가 세상을 떠나고, 윌리엄 4세가 즉위해 빅토리아가 다음 왕위 계승자가 될 것이 거의 확실해지자, 왕녀를 사람들의 이목이 쏠리는 장소로 데려가는 일이 늘어났다.

1832년 빅토리아가 어머니에게 일기장을 받은 것은 여름부터 가을에 걸친 웨일즈 여행을 기록하기 위해서였다. 이해 8월부터 켄트 공 부인과 콘로이는 빅토리아를 데리고 국내의 각지를 도는 긴 여행을 떠났다. 그때까지는 켄싱턴 궁전에 숨겨 키워온 딸에게 국력을 지탱하는 산업을 견학시키고, 유력 귀족들의 전원 저택에 머물면서 즉위 후에 도움이 될 인간관계를 쌓는 것이 목적이었다.

미래의 여왕과 그 보호자 일행은 다양한 땅에서 대환영을 받았다. 악단이 대기하고, 축포가 울리고, 유력자가 환영과 충의를 나타내는 연설을 한다. 공장이나 군 시설 등을 견학하며 설명을 듣는다.

이해에는 광산, 철공업 지대인 코벤트리(Coventry)나 버밍엄을 경

❊ 반려동물들과 어머니와 함께 켄싱턴 궁전의 정원에서 식사하는 소녀의 환상적인 그림. H. H. 에머슨(Henry Hetherington Emmerson)이 그린 삽화. 『산사나무 꽃, 또는 왕녀와 그녀를 둘러싼 사람들』 1881년.

유해 북웨일즈 각지를 돌았고, 웨스트민스터 후작가(家)의 '이튼 홀 (Eaton Hall)', 데본셔 공작가의 '채츠워스(Chatsworth)', 도자기의 산지 스태퍼드셔(Staffordshire)에 있는 리치필드 백작가의 '셔그버러(Shug-borough)' 등에 머물렀다.

이런 저택에서 빅토리아는 가든파티와 밤의 정찬회에 참가했다. 최고의 식탁이 준비되었으며, 눈부신 은식기와 장식으로 대접을 받았다. 받아준 귀족 측의 시점에서 본다면, 노후화한 건물은 다시 칠해야 했으며, 임시 하인을 확보하고, 실내의 장식도 호화롭게 다시 바꿔야 했기에 왕실 일행을 환대하는 것은 예산과 노력이 드는 대사

✿ 공장을 방문해 설명을 듣는 10대 초반의 왕녀 빅토리아. 『그림과 이야기로 읽는 빅토리아 여왕의 생애(絵とお話で読むヴィクトリア女王の生涯)』 1901년.

업이었다. 하지만 지위와 권력 강화로 연결되기 때문에 기쁘고 명예로운 일이기도 했다.

이런 귀족의 저택은 현재는 개인의 집으로 유지하는 것이 어려워져 일반에 공개 중인 곳도 많다. 그중에는 과거 즉위 전의 젊은 여왕의 방문을 받았던 것을 집안의 자랑으로 여기며, 기록 등을 기초로 '여왕의 식탁'을 재현해 전시 중인 집도 있다.

빅토리아 쪽에서 보면, 아이들을 위해 일단 소화가 잘되고 담백한 매일의 식사가 귀족들에 의한 볼륨 있는 접대 메뉴로 바뀌니 당연히 위장 문제가 덮쳐왔다. 음식 역사가 애니 그레이에 의하면, 1832년 웨일즈의 앵글시(Anglesey)섬에서 그녀를 위해 불렀던 지역 의사 메이슨은 변비 치료에 '루버브 환약'을 투여해 대성공을 거두었다는 것과 '시나몬과 탄소 소다' 약을 처방했던 것을 기록해두었다.

순행(巡幸, Royal Progress)은 방문 지방을 바꿔가면서 몇 년 동안 매년 계속되었으나 내성적인 면이 있는 빅토리아의 심신에는 굉장히 부담이 가는 것이었다. 1835년에는 요크서 지방을 도는 계획이 세워졌고, 그녀는 당초에는 거부했지만 결국은 감행되었다. 이해의 여행이 끝난 후에는 해수욕지인 람즈게이트에서 휴가를 보냈다. 이때 빅토리아는 심각한 컨디션 불량으로 쓰러져버리고 만다. 이때의 병명은 장티푸스라고도 하고 편도염이라고도 한다. 약해진 왕녀에게 콘로이는 자신을 비서관으로 지명하도록 강요했지만, 그녀는 단호하게 거부했다.

병은 5주나 지속됐다. 콘로이와 켄트 공 부인에 대한 빅토리아의 반감은 해가 갈수록 높아졌고, 자립을 바라는 마음은 점점 더 커져갔다.

❖ '좋은 사람이 되겠습니다'

'나, 내가 생각했던 것보다 왕위에 가깝다는 사실을 알았어.'
그리고, 그 작은 손을 가정교사의 그것에 겹치며 말했다.
'좋은 사람이 될 거야. 지금은 알아. 당신이 왜 그렇게 많은
걸 내게 가르치려고 했는지. 라틴어까지. 전에는 당신이 바라
니까 공부했었어. 하지만 지금은 아주 잘 알았어. 저, 좋은 사
람이 되겠습니다(I will be good).'
　-O. F. 월튼(O. F. Walton) 부인『우리의 은혜로운 여왕(Our
Gracious Queen)』(1887년경)

빅토리아가 자신이 여왕이 될 것임을 안 것은 1830년 3월 11일, 10
세 때였다고 한다. 위의 인용은 즉위 50주년과 60주년 시기에 대량
으로 제작된 저렴한 기념 책자 중 하나에서 발췌한 것이다. 이 '좋은
사람이 되겠다'라는 대사는, 그녀의 성격의 핵심을 나타내는 일화로
누구에게, 언제, 어떻게 말했는지 디테일은 달라지지만, 다양한 종류
의 여왕 전기, 회상록, 기사 등의 초반 하이라이트에 대부분 등장한
다.
　레첸은 1867년 여왕에게 보내는 편지에 그녀의 장래의 운명은 자
신이 가르쳐줬다고 적었다(앞의 인용은 아마도 이것을 기초로 아동 독자용
으로 번안한 것이다). 지도교사인 데이비스 선생님이나 모친이 말했다
는 패턴도 있는가 하면, 사실은 훨씬 오래전부터 어렴풋이 알고 있
었다고 여왕 자신에게 들었다고 주장하는 사람도 있다. 그리고 본

❀ 소녀 시대에 격렬하게 대립했던 어머니의 회계사 존 콘로이. 헨리 윌리엄 피커스길(Henry William Pickersgill) 그림. 1837년.

❀ 1835년 긴 투병 생활에서 회복한 직후에 빅토리아가 그린 초상화. 반발을 드러낸 표정.

인은 '좋은 사람이 되겠다' 에피소드 전체를 통째로 부정하지는 않지만, 라틴어 수업은 자신만이 아니라 사촌 왕녀도 받았기 때문에 이렇게 말한 기억이 없다, 자신의 계승 순위를 '알았을 때는 크게 울었다', '탄식하며 슬퍼했다'고 덧붙였다.

무엇이 진실이든, 자신의 사명과 의무를 믿고 의심하지 않은 감각, 선량하게 있고 싶다는 강한 의지는 당사자가 남긴 다양한 말들 구석구석에서 느낄 수 있다.

이 장의 첫 부분에서 말했던 것처럼, 1837년 6월 즉위일이 찾아왔다. 그녀는 여왕으로서 최초의 의무를 '혼자서' 이겨낸 것을 일기에 수없이 강조했다.

신의 뜻에 따라 이 지위에 오른 이상, 나는 전력을 다해 나라

를 위한 의무를 다할 것이다. 나는 너무나 어리고, 전부라고까
진 하지 않더라도 많은 부분에서 경험이 부족할 테지만, 지금
의 나만큼 올바른 일을 하겠다는 진정한 선의와 열의를 품은
사람은 없으리라는 것만은 분명하다.

　아침을 먹고, 그사이에 선량하고 충실한 스토크마르 남작
(Christian Friedrich Freiherr von Stockmar, 레오폴드 왕이 왕녀의 어

Her Accession.

❀ 커닝엄 경과 캔터베리 대주교가 윌리엄 4세의 죽음과 빅토리아의 즉위를 알리러 온 장면. 즉위 50주년의 그림책 『황금의 50년』 1887년경.

드바이저로 보냈다)이 찾아와 나와 대화했다. 친애하는 레오폴드 숙부님께 편지를 쓰고, 사랑하는 페오도라에게도 짧은 메시지를 썼다. 9시에 멜번(Melbourne) 경(총리)이 방문했고, 내 방에서 만났다. 물론 혼자서. 앞으로는 대신과 만날 때는 항상 그렇게 할 생각이다. (중략)

11시 반에 아래층으로 내려가 붉은 살롱에서 추밀원 회의(Privy Council, 주로 군주제 국가에서 군주의 자문기관을 말함-역주)를 열었다. 나는 물론 혼자 들어갔으며, 회의가 진행되는 동안 계속 앉아 있었다. 두 사람의 숙부님, 컴벌랜드(Cumberland) 공작

과 서식스(Sussex) 공작, 그리고 멜번 경이 나를 이끌어주었다…. 전혀 긴장하지 않았고, 내가 한 일과 그 방식에 모두가 만족했다는 이야기를 듣고 나는 뿌듯했다.

-빅토리아의 일기(1837년 6월 20일)

즉위한 그녀는 신속하게 주거를 켄싱턴 궁전에서 버킹엄 궁전으로 옮겼다. 주거에 대한 상세한 내용은 나중에 서술하겠지만, 그렇게 함으로써 콘로이와 모친의 영향에서 벗어나고, 한편으로는 당시 총리인 멜번 자작 윌리엄 램(William Lamb)과 가까워졌다.

다음 장에서는 빅토리아를 여왕으로 받아들인 첫 번째 의식과 어린 그녀에게 찾아온 최초의 시련에 대해 알아보고자 한다.

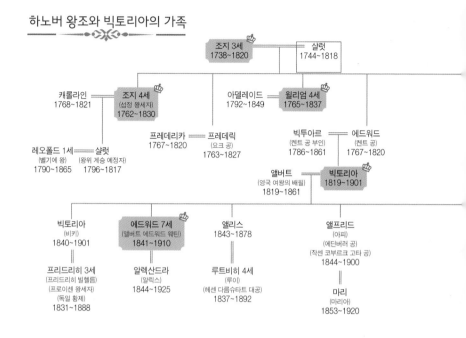

하노버 왕조와 빅토리아의 가족

조지 3세
1738~1820

샬럿
1744~1818

캐롤라인
1768~1821

조지 4세
(섭정 왕세자)
1762~1830

아델레이드
1792~1849

윌리엄 4세
1765~1837

프레데리카
1767~1820

프레데릭
(요크 공)
1763~1827

빅투아르
(켄트 공 부인)
1786~1861

에드워드
(켄트 공)
1767~1820

레오폴드 1세
(벨기에 왕)
1790~1865

샬럿
(왕위 계승 예정자)
1796~1817

앨버트
(영국 여왕의 배필)
1819~1861

빅토리아
1819~1901

빅토리아
(비키)
1840~1901

에드워드 7세
(앨버트 에드워드 웨틴)
1841~1910

앨리스
1843~1878

앨프리드
(아피)
(에딘버러 공)
(작센 코부르크 고타 공)
1844~1900

프리드리히 3세
(프리드리히 빌헬름)
(프로이센 왕세제)
(독일 황제)
1831~1888

알렉산드라
(알릭스)
1844~1925

루트비히 4세
(루이)
(헤센 다름슈타트 대공)
1837~1892

마리
(마리아)
1853~1920

사촌 신랑 후보들

코부르크 공 프란츠의 손자 세대는 빅토리아에게는 사촌에 해당
한다. 사리분별을 할 수 있는 연령이 된 남자들은 1830년대에 차례
로 영국으로 초대되어 '신랑 후보'로서 빅토리아와 만났다. 그 경위
는 이 책의 제4장에서도 다루지만, 계보에는 생략된 앨버트 이외의
사촌들에 대해 여기서 간단히 설명해두겠다.

'멘스도르프의 휴고와 알폰스'는 에른스트 1세나 켄트 공 부인 빅
투아르(빅토리아의 어머니)의 언니 조피(1778년생)와 멘스도르프 푸일리

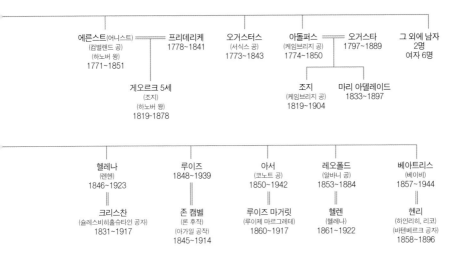

에른스트(어니스트) ═══ 프리데리케
(컴벌랜드 공)   1778~1841
(하노버 왕)
1771~1851

게오르크 5세
(조지)
(하노버 왕)
1819-1878

오거스터스
(서식스 공)
1773~1843

아돌퍼스 ═══ 오거스타
(케임브리지 공)   1797~1889
1774~1850

조지
(케임브리지 공)
1819~1904

마리 아델레이드
1833~1897

그 외에 남자
2명
여자 6명

헬레나
(렌헨)
1846~1923

크리스찬
(슐레스비히홀슈타인 공자)
1831~1917

루이즈
1848~1939

존 캠벨
(론 후작)
(아가일 공작)
1845~1914

아서
(코노트 공)
1850~1942

루이즈 마거릿
(루이제 마르그레테)
1860~1917

레오폴드
(알바니 공)
1853~1884

헬렌
(헬레나)
1861~1922

베아트리스
(베이비)
1857~1944

헨리
(하인리히, 리코)
(비텐베르크 공자)
1858~1896

작센 코부르크 공작 가문

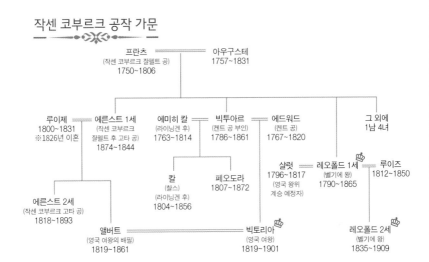

프란츠 ═══ 아우구스테
(작센 코부르크 잘펠트 공) 1757~1831
1750~1806

루이제
1800~1831
※1826년 이혼

에른스트 1세
(작센 코부르크
잘펠트 후 고타 공)
1874~1844

에른스트 2세
(작센 코부르크 고타 공)
1818~1893

에미히 칼 ═══ 빅투아르
(라이닝겐 후)   (켄트 공 부인)
1763~1814   1786~1861

칼
(찰스)
(라이닝겐 후)
1804~1856

페오도라
1807~1872

앨버트 ═══════ 빅토리아
(영국 여왕의 배필)   (영국 여왕)
1819~1861   1819~1901

에드워드
(켄트 공)
1767~1820

그 외에
1남 4녀

샬럿
1796~1817
(영국 왕위
계승 예정자)

레오폴드 1세 ═══ 루이즈
(벨기에 왕)   1812~1850
1790~1865

레오폴드 2세
(벨기에 왕)
1835~1909

(Alexander Graf von Mensdorff-Pouilly) 백작 엠마누엘과의 사이에서 태어난 아들들이다.

'뷔르템베르크(Württemberg)의 알렉산더와 에른스트'는 조피 다음 언니인 앙투아네트(Antoinette, 1789년생)와 뷔르템베르크 공자의 자식이다.

'코하리(Koháry)의 페르디난트와 아우구스트'는 에른스트 1세의 동생, 켄트 공 부인의 오빠에 해당하는 페르디난트(1785년생)와 코하리 가문의 앙투아네트의 아들들이다. 형인 페르디난트는 빅토리아와 같은 해에 포르투갈 여왕 마리아 2세와 결혼이 결정되어 있었으며, 처가로 가는 길에 동생 아우구스트와 함께 빅토리아의 왕궁에 들렀다.

제 **2** 장
대관식과 정치

1837~1839

맨틀(Mantle, 주홍색의 소매 없는 망토)을 입고, 젊은 여성들이 옷 자락을 확실하게 들었고, 뒤쪽 단은 커닝엄 경이 들었다. 탈의 실을 나와 행진이 시작되었다.

… 경치는 그야말로 압권이었다. 의식용 로브(Robe, 예복)를 차려입은 아름다운 여성 귀족과 반대쪽에는 남성 귀족이 대 거 모여 있다. (중략) 대관식 찬가 연주가 시작되고… 나는 들 러리 여성(Trainbearer)들과 세인트 에드워드 예배당으로 물러 났다. 그곳은 제단 바로 뒤에 있는 어둡고 작은 방이었고— 나 는 주홍색 로브와 커틀(로브와 같이 입는 소매가 짧은 나들이옷)을 벗 고, 레이스로 장식된 특수한 형태의 짧은 린넨 옷(콜로비움 신도 니스[Colobium Sindonis]라고 한다) 위에 커틀과 같은 형태의 금색 실 천으로 만든 긴 상의(Super Tunica)를 몸에 둘렀다. 다이아몬 드 관(Circlet)을 벗고, 머리에는 아무것도 쓰지 않고 사원 안으 로 나아갔다. 성 에드워드의 의자에 앉자, 의전 장관(Lord Great Chamberlain)이 소매가 넓은 로브를 내게 입혔다. 그 후로 많은 일들이 있었고, 그리고 그 많은 일들의 마지막에 왕관이 내 머 리 위에 얹어졌다. —그건 내게 있어서 무척이나 아름답고 가 슴 뛰는 순간이었다고 진심으로 생각한다. 그때 동시에, 남성 과 여성 귀족들이 모두 각각 자신의 작은 관(Coronet)을 썼다.

-빅토리아의 일기(1838년 6월 28일)

❖ 빅토리아 대관의 순간을 묘사하며 참가자의 모습도 보여주기 위해 가로로 늘어놓은 집단 초상화. 에드먼드 토머스 패리스(Edmund Thomas Parris). 1838년.

이전 왕이 세상을 떠나면 바로 그 시점에서 계승 순위 1위인 사람이 즉위(Ascension)를 선언한다. 전란의 시대에는 틈을 두지 않고 왕관을 수여하는 의식인 대관식(Coronation)을 하기도 했으나, 최소한 19세기 이후의 영국에서는 즉위 후 1년 정도 준비 기간을 두고 대관식을 진행하는 것이 통례였다.

빅토리아의 대관식은 1838년 6월 28일, 과거의 관례대로 웨스트민스터 사원(Abbey)에서 거행되었다. 본인의 기억을 기초로 한 앞의 인용 글은 굉장히 상세하게 적혀 있지만, 그럼에도 '많은 일'이라고 생략된 부분에는 더 많은 수순들이 진행되었다. 동시대에 인쇄된 『식순(Ceremonial)』을 이용해 그 흐름을 재구성해보자.

❖ 대관식의 식순

새벽 4시에 축포와 악단의 연주로 눈이 떠져버린 빅토리아는 마차를 타고 오전 11시 30분에 웨스트민스터 사원에 도착했다. 우선 검과 수많은 대관보기(戴冠寶器, Crown Jewels)류를 받든 정신(廷臣, 조정의 신하-역주)들과 귀족들에게 이끌려 붉은색과 금색 맨틀 자락은 하얀 드레스를 차려입은 젊은 여성들이 든 상태로 제단으로 나아간다.

우선 참석자들에게 남쪽, 서쪽, 북쪽 순으로 모습을 보여주어 '승인(Recognition)'을 받으면, 여왕 폐하 만세를 외치기 시작한다. 다음으로 여왕은 제단으로 나아가 계단에 준비된 쿠션에 무릎을 꿇고 '최

Her Coronation.

❖ 빅토리아의 대관식. 즉위 50주년 기념 책자 『황금의 50년』 1887년경.

초의 봉납(Offering)'으로서 1파운드 무게의 금괴(Ingot)를 바친다.

일련의 기도 의식이 행해진다. 탄원(Litany), 설교(Sermon)가 있으며, 여왕은 오른손을 성서에 얹고 대관 선서(Oath)를 한다. 성서에 입맞춤을 하고, 서명한다.

❧ 성유를 붓는 숟가락. 대관보기 중에서도 가장 오래전부터 살아남은 것. 『일러스트레이티드 런던 뉴스』 1845년 3월 1일.

❧ 성유를 담는 황금 독수리 모양을 한 용기(앰플러).

❧ 금 박차(스퍼). 기사도를 상징한다.

❧ 십자가가 달린 지팡이(셉터)는 속세를 다스리는 왕권을 나타내며, 비둘기가 달린 지팡이는 군주의 자비와 종교적인 역할을 나타낸다.

❧ 의식에 쓰이는 검. 밑에서부터 속세 정의의 검, 자비의 검, 성계 정의의 검

성별(聖別, Anointing) 의식. 그녀는 겉의 맨틀을 벗고, 성 에드워드 왕의 의자에 앉았다. 4명의 가터 훈작사(Knight of the Garter, 영국 최고의 기사 작위-역주)가 4개의 기둥을 받쳐 들고, 금색의 실크 덮개(Canopy)로 그녀의 머리 위를 덮는다. 대주교가 성별된 기름을 기름 뿌리개와 숟가락으로 여왕의 머리와 양손에 붓는다. 덮개는 치워진다.

그 후 박차(Spur)와 검 수수 및 봉납이 이루어지며, 금색 로브와 보주(寶珠, Orb), 반지, 장갑, 지팡이(Scepter)를 순서대로 받는다. 머리 위에 왕관이 씌워지고, 여기에 대관한 여왕이 탄생한다.

이때 쓰인 왕관은 아직 어리고 마른 여왕을 위해 기존의 보석을 제거하고 가볍게 다시 만든 제국 왕관(Imperial State Crown)이었다. 하지만 사이즈가 맞았다 해도 무게는 1kg 이상이었다. 저녁 식사 자리에서, 멜번에게서 지쳤냐는 물음을 받은 빅토리아는 왕관이 굉장히 아팠다고 대답했다.

여왕에게 성서가 증정되고, 축복의 기도(Benediction)와 성가(Te Deum)가 흐르며, 주교와 귀족들 속에서 왕좌로 인도된다. 귀족들의 충성의 선서가 있고, 그리고 왕녀는 왕좌에서 내려와 성찬식(Holy Sacrament)으로 빵과 와인을 받는다.

'두 번째의 봉납'으로 '황금 지갑'을 바치면, 드디어 끝이 보이기 시작한다. 여왕은 마지막으로 보라색 로열 로브를 입게 되며, 행진으로 퇴장한다.

빅토리아가 사원 밖에 모여 있는 국민의 환호 소리를 들으며 다시 금 마차를 타고 궁전으로 돌아왔을 때는 저녁 6시가 지났다고 한다.

❀ 빅토리아가 대관식 때 쓰기 위해 다시 만든 제국 왕관(임페리얼 스테이트 크라운). 가장 커다란 붉은 보석은 흑태자의 루비라 불리는데, 현재는 스피넬로 분류된다. 헨리 5세가 애진코트(Agincourt) 전투에서 몸에 장식했다고 한다.

수수께끼와 신비의 기호로 가득한 계약 과정이다. 귀족 참가자들이 숨을 죽이고 지켜보는 가운데 다양한 색과 소재로 된 호화로운 복장을 괜히 입었다가 벗었다가 다시 입으면서, 커다란 보석과 황금으로 장식된 대관 식기를 넘겨받았다가 넘겨줬다가, 기도하고, 맹세하고, 키스하고, 키스받고, 환호를 받고, 그렇게 길고 긴 의식을 빠져나오면 신과 신하들에게 인정받는 성스러운 군주가 완성된다.

❖ 작은 착오들

수많은 사람들이 관련된 복잡한 의식이면서도, 꼼꼼한 리허설을 하는 관습은 없었으며, 빅토리아의 대관식에서는 작은 착오들이 속출했다고 한다. 대관용 루비 반지가 새끼손가락에 끼는 사이즈로 조정되었음에도 불구하고, 대주교가 강제로 약손가락에 끼워버리는 바람에 굉장히 아팠고, 나중에 뺄 때도 고생했다는 일화는 잘 알려져 있다. 그레빌(Greville)의 회상록에 의하면, 작았던 이 반지를 빼기 위해서는 얼음물에 담글 필요가 있었다고 한다. 또 옷을 갈아입기 위한 대기실로 준비되었던 예배당의 제단에는 어째서인지 샌드위치와 와인 병이 대량으로 놓여 있었으며, 멜번 경은 와인을 한 잔 마시고 나갔다. 보주를 넘겨받는 타이밍도 틀려서 대주교가 보주를 가져와야 할 때 어째서인지 그건 '이미 내 손에' 있기도 했다.

고령의 롤 경은 충성 선서를 하려고 계단을 올라갈 때 굴러버렸고, 빅토리아는 급히 스스로 옥좌에서 내려가 도우려 했다. 왕이 되는 선서를 막 마친 자그마한 여왕(즉위한 해에 초상화 제작을 위해 계측된 수치는 155cm였다고 한다)이, 선의에 이끌려 늙은이를 도와 일으키려 한다. 극장 같은 장소에서 일어난 이 일은 보는 자들의 가슴에 로맨틱한 상상을 불러왔고, 여왕은 칭찬을 받았다. 젊은 여왕의 치세는 순풍에 돛을 단 듯 나아가는 것처럼 보였다. 하지만 곧 빅토리아에게 최초의 정치적인 위기가 찾아온다.

❖ 레이디 플로라 사건

그것은 빅토리아의 어머니 켄트 공 부인의 여관인 레이디 플로라 헤이스팅스(Lady Flora Elisabeth Rawdon-Hastings)에 관련된 사건이었다. 당시 빅토리아와 켄트 공 부인의 모녀 관계는 더욱 험악해져갔으며, 이렇게 사이가 나빠진 원인이라고도 할 수 있는 너무나도 싫어하는 콘로이와도 친하게 지냈던 여관 플로라는 그들의 스파이처럼 느껴졌다. 빅토리아는 그녀를 '엄마의 느낌 좋은 레이디'라고 일기에 적었지만, 당연히 비꼬는 것이었다.

1839년 초, 빅토리아의 전 가정교사이자 즉위 후에도 충실하게 그녀를 따르며 상담역으로 지내던 레첸이 플로라의 체형 변화를 눈치챘다. 이윽고 빅토리아의 여관들 사이에서 플로라는 미혼의 몸으로 콘로이의 아이를 임신한 게 아닌가 하는 소문이 퍼졌다. 그리고 침실 여관의 리더 격이던 타비스톡 경 부인('애프터눈 티'의 습관을 퍼뜨린 것으로 잘 알려진, 훗날 베드포드 공작 부인 안나 마리아)이 본인에게 확인하기 전에 멜번 총리와 상담을 해버리고 만다. 의사인 제임스 클락도 처음에는 임신이라 오진했으며, 이야기는 점점 커져만 갔다. 부인병 전문의도 추가로 다시 조사해본 결과, 플로라는 임신한 것이 아니며 복부의 혹은 암이었음이 판명된다. 그리고 암은 점점 악화되어 그해 7월 5일 플로라는 세상을 떠나고 말았다. 플로라의 할아버지, 오빠, 모친 등이 신문, 잡지 등의 미디어를 이용해 그녀의 명예를 더럽힌 여관과 '어떤 외국 레이디(레첸을 말함)'에 대한 비난을 퍼트렸기 때문에 소동은 이목을 모았고, 왕궁과 멜번 정권을 비판하는 목소리가 높아졌다.

✽ 충성의 선서를 하기 위해 계단을 올라가려다 넘어져 버린 롤 경을 도와 일으키려는 빅토리아. 론 후작 존 캠벨 『V.R.I. 그녀의 생애와 제국』 1901년.

✽ 잘못된 타이밍에 건네진 보주.

❈ 멜번 자작. 존 패트리지(John Partridge) 그림. 1844년.

❈ 레이디 플로라 헤이스팅스. 같은 시대의 석판화.

❖ 침실 여관 위기

여관과 총리를 둘러싼 문제는 같은 시기에 하나 더 더해졌다. 1839년 5월, 휘그(Whig)파의 멜번 총리가 식민지 자메이카를 둘러싼 법안에서 패배하고, 반대파인 토리(Tory)파로 정권이 교체되게 된다. 이 시기까지 빅토리아는 정치적으로도 감정적으로도 멜번 총리에게 의지하고 있었으며, 그와 빅토리아는 아버지와 딸 같은 관계를 쌓고 있었다. ―대관식 날의 일기에는 자신을 지켜보는 그의 '눈가에 눈물이 맺혀 있었던' 것을 네 번이나 되풀이해서 적었을 정도로.

여왕은 마지못해 토리파의 원로 정치가 웰링턴 공작을 불러 총리가 되기를 요청했으나, 공작은 고령을 이유로 사퇴하고, 대신 로버트

❖ 웰링턴 공작과 로버트 필. 프란츠 빈터할터 그림. 1844년.

필(Rt Hon. Sir Robert Peel)을 추천했다. 필은 빅토리아의 침실 여관 중 '몇 명인가를 변경'할 것을 요구했다. 이 여관은 전원 휘그파 정치가의 아내들 중에서 선택되었기 때문이다. 토리파의 필이 보기에는, 여왕의 주변을 대립파 정치가의 아내들이 채우고 있으면 아군의 움직임이 전부 적에게 들통나버리고 만다.

필의 제안은 침실 여관 중 '몇 명인가'를 바꾸는 것이었으나, 빅토리아는 '전원을 바꾸라고 강요당했다'고 해석해 강하게 반발했으며, 일체의 변경을 거절한다. 결과적으로 필은 내각을 조직하는 것을 단념하고 멜번이 돌아오게 되었으며, 여왕은 만족했다. 하지만 정치에서 구심력을 잃었던 멜번 총리의 명운은 금방 다했고, 2년 후에는 사임하는 사태로까지 몰리게 된다.

빅토리아 시대의 영국 총리	
1835년 4월	멜번 자작(휘그)
1841년 8월	로버트 필(보수당)
1846년 6월	존 러셀(휘그)
1852년 2월	더비 백작(보수당)
1852년 12월	애버딘 백작(보수당, 필파)
1855년 2월	파머스턴 자작(자유당)
1858년 2월	더비 백작(보수당)
1859년 6월	파머스턴 자작(자유당)
1965년 10월	러셀 백작(존 러셀, 자유당)
1866년 6월	더비 백작(보수당)
1868년 2월	벤저민 디즈레일리(보수당)
1868년 12월	윌리엄 이워트 글래드스턴(자유당)
1874년 2월	디즈레일리(훗날의 비콘스필드 백작)
1880년 4월	글래드스턴(자유당)
1885년 6월	솔즈베리 후작(보수당)
1892년 8월	글래드스턴(자유당)
1894년 3월	로즈베리 백작(자유당)
1895년 6월	솔즈베리 후작(보수당)

❖ 토리, 휘그, 보수당, 자유당

옛날 영국의 정치가는 토리파와 휘그파 2개의 그룹으로 나뉘어 의견을 격렬하게 주고받았다. 17세기 말에 왕위 계승 문제를 둘러싸고 2개의 파벌이 싸운 일이 원인이 되었으며, 휘그는 스코틀랜드에서 '말을 쫓는 자', 토리는 아일랜드에서 '무법자, 비적(匪賊)'이라는 의미로 쓰이는 말이었다. 원래는 양쪽 다 서로 상대방 당파에 대한 욕설과 악담이었으나, 그룹의 호칭으로 정착한 것이다. 성립 연대에 대해서는 여러 설이 있으나, 1830년대 이후 토리는 '보수당'이 되었으며, 휘그는 보수당에서 분열된 급진파와 합류해 1859년에 정식으로 '자유당'으로 재편되었다. 토리와 휘그라는 단어는 현재도 후계자로 보이는 당이나 정치적인 태도를 나타내는 말로 사용되는 경우가 있다.

발상 시기의 토리는 군주의 권력과 영국 국교회의 체제를 존중하는 입장이었다. 휘그는 의회의 힘을 강하게 만들어 왕권을 제한하고, 영국 국교회 교도 이외에게도 관용을 베푼다는 특징이 있었다. 빅토리아 시대에는 정당으로서 체제가 정립돼갔으며, 휘그=훗날의 자유당은 선거법의 개정(정치에 참가할 수 있는 자격 완화), 자유무역(지주 계급의 주요 수입원인 국내 농업을 보호하던 곡물법 철폐), 공장법(아동 노동과 장시간 노동의 규제 추진), 공적 초등 교육의 도입 등 일부 계층에 특권이 집중되는 오래된 사회 제도를 '개혁'할 것을 주장했다. 한편 토리=훗날의 보수당은 왕이나 지배계급이 존재하는 것은 신이 그렇게 정했기 때문이라는 사고방식이 기본이었다. 그렇기에 이전부터의 제도를 옹호하며, 개혁에는 반대 입장을 취하는 경우가 많았다. 그렇다고는 해도 2개의 파벌이 고정된 사상을 항상 유지했던 것은 아니며, 휘그에도 용건에 따라서는 반대로 돌아서는 보수파가 있었고, 상류 계급의 특권을 줄이는 곡물법 폐지나 몇 번에 걸친 선거법 개정의 일부가 보수당 정권 시기에 실행되기도 했다.

의회는 2원제로, 귀족원(House of Lords)과 서민원(House of Commons)으로 구성되었다. 귀족원은 그 이름 그대로 세습 귀족이 자동

✤ 귀족원에서 계단 위의 옥좌에 앉은 여왕이 대법관(로드 챈슬러)에게 연설 원고를 받는 장면. 앨버트는 오른쪽의 낮은 위치에서 의자에 앉아 지켜보고 있다. 『일러스트레이티드 런던 뉴스』 1849년 2월 3일.

적으로 의석을 받는 것으로, 귀족이나 지주를 유리하게 하는 결정이 내려지는 장면이 많았다. 서민원의 의원은 선거로 선출된다.

하지만 '서민'이니 '개혁'이니 뭐니 해도, 인구수로는 국민의 8할을 점유했다는 노동자 계급의 의견은 제대로 반영되었다고 볼 수 없었다. 선거권을 얻기 위해서는 일정 이상의 토지와 수입, 호주의 자격이 필요했다. 그리고 설령 선거로 당선된다 해도 의원에게 보수는 없었으며, 충분한 수입이 따로 있어 자신의 시간을 무상으로 제공할 수 있는 큰 부자가 아니면 실질적으로 의원으로서 활동하는 것은 불가능했다. 참정권을 얻기 위한 허들은 선거법 개정을 거듭하면서 낮아졌으나, 여성에 대한 참정권 부여에는 계속해서 강한 저항이 있었으며, 여러 조건이 달린 상태로 영국에서 실현된 건 1918년 이후였다.

◈ 여왕과 의회의 관계

자 그럼, 그러한 의회와 빅토리아 여왕은 매일 어떤 식으로 의견을 교환했을까. 그녀의 치세 때는 군주가 정치에 당당히 참견하고 권력을 휘두르던 시대는 이미 과거의 것이었다. 붉은 가죽을 씌운 '송달 상자(Dispatch Box)'에 담겨 매일 배달되는 의회의 동향 보고서와 법안을 확인하고, 총리나 대신과 만나 설명을 듣고, 상담하고, 조언하고, 사인한다. 매년 회의 시작 시에 여왕은 개회 연설을 한다. 하지만 그 원고는 기본적으로 정부의 의향에 따른 것으로, 여왕의 개인적인

✤ 만년이 되어서도 송달상자의 서류를 계속 받아보는 여왕. 아마도 1890년대.

의견을 자유로이 말하거나 눈앞의 의논에 참가해 흐름을 바꾸거나 하는 성질의 것은 아니었다.

이 시대의 국왕은 어느 당도 편들지 않고 공평하게 대하는 것이 원칙이었다. 하지만 빅토리아가 18세에 즉위했을 때는 양 파벌에 공평하기는커녕 명백히 '휘그 쪽으로 치우친' 여왕이었다. 레오폴드 숙부나 휘그파의 멜번 총리, 상담역인 스토크마르 남작 등에게 영향을 받았기 때문이다. 이러한 환경 속에서, 앞서 말했던 '침실 여관 위기'가 일어났다.

의회에서 정권을 잡은 정당이 실책을 범하고, 다른 한쪽으로 정권이 넘어가는 사태가 벌어지면, 형식상 영국 왕은 반대 정당의 총리

후보를 왕궁으로 불러 '내각 조직을 명한다'. 침실 여관 위기 때 빅토리아는 마음에 들어 하던 당수(黨首) 멜번이 쓰러져 다음 당수 후보 필을 선택할 수밖에 없는 장면에서, 이 절차를 겉으로는 따르면서 여관 선정이라는 자신의 일상생활과 관련된 사항을 이용해 마음에 들지 않는 당수가 들어서지 않도록 만들었다.

그녀는 당시의 일을 1874년에 비서관에게 보낸 편지에서 회상했으며, 생각해보면 그 판단은 "과오였다"라고 말했다.

빅토리아의 치세는 길었다. 경험을 쌓은 그녀의 의견은 존중되었고, 발군의 기억력을 기초로 제시되는 과거의 지식은 대신들에게도 나름대로 존중받았다. 하지만 편지나 총리와의 회견을 통해 매일 영향력을 발휘한다 해도, 최종적인 결정에는 의회의 의향이 우선시되었으며, 정치나 외교, 군사에 관한 커다란 문제에 여왕 개인의 의견을 밀어붙이는 것은 불가능했다. 그러한 입장으로 서서히 물러났기 때문에, 수많은 나라에서 군주제 그 자체가 폐지되던 역사적 흐름 속에서도 21세기인 지금에 이르기까지 영국 왕실이 살아남을 수 있었다고 말하기도 한다.

그렇다고는 해도 빅토리아의 가슴속에서 정치나 외교에 대한 관심이 완전히 사라진 것도 아니었다. 송달상자의 서류를 계속해서 읽었으며, 시력이 약해진 후에는 주변 사람들이 읽어주게 하거나 요점을 간추려 설명을 들었고, 그때의 총리나 대신, 군의 간부들에게 무수히 편지를 쓰면서 계속해서 주장했다. 자신이 생각하는, 국민에게 더욱 좋은 선택을 믿으며.

❀ 13세 즈음의 빅토리아 왕녀. 아래에서 장갑을 문 것이 애견 대시. 조지 헤이터 그림. 1833년.

소녀 시대의 애견 대시

1838년 6월, 빅토리아는 대관식이라는 길고 긴 의식을 마치고 저녁 6시에 돌아왔다. 리튼 스트레이치 작(1921) 등 몇 개의 전기에 의하면, 19세의 그녀는 피로를 전혀 느끼지 않았으며, 계단을 뛰어올라 자신의 방으로 돌아가 애견 대시를 목욕탕에 집어넣었다고 한다.

킹 찰스 스패니얼 견종인 대시는 원래는 1833년 콘로이가 어머니에게 선물한 개였는데, 곧바로 빅토리아가 굉장히 마음에 들어 해서 한시도 곁에서 떠나지 않는 친구가 되었다. 벨기에 왕인 레오폴드 숙부는 13세가 된 빅토리아의 전신 초상화를 조지 헤이터에게 그리게 했는데, 어느 정도 미화된 소녀 빅토리아의 발치에는 기운 넘치는 대시가 장난을 치고 있다. 또 헤이터는 여왕으로 즉위한 후에도 대관보기를 두른 그녀의 '공식 초상화'를 그렸으며, 그 그림은 복제되어 해외 각국의 영국대사관으로 보내졌다.

'고독한' 소녀 시대와 즉위 직후의 무척이나 바쁜 시대를 함께 보낸 대시는 특별한 존재였던 모양이어서 1840년 말에 이 개가 죽었을 때 빅토리아는 특별히 제작한 묘에 매장했다. 그 묘에는 이런 비문이 새겨졌다.

대시
여기 잠들다
빅토리아 여왕 폐하가 마음에 들어 한 스패니얼
향년 10세

그 애정에 사심이 없었으며

그 장난에 악의가 없었으며

그 충심에 거짓이 없었다

이 비문을 읽는 자여

아낌없이 사랑받고 세상을 떠나고 싶다면

대시를

본받도록 하라

그레이하운드 네로(아마도 마주 보고 있는 오른쪽의 커다란 개)와 헥터, 스패니얼인 대시. 앵무새 로리. 에드윈 랜시어 그림. 1838년.

마음에 들어 한 개들

어린 빅토리아가 마음에 들어 했던 화가 중 한 사람은 에드윈 랜시어(Edwin Landseer)다. 초상화도 그렸지만 그의 원래 분야는 말을 하지 못하는 생물의 감정이 전해지는 센티멘털한 동물화이며, 그의 그림은 빅토리아 시대 사람들의 취향에 잘 맞아 큰 인기를 모았다. 그는 로열 패밀리들의 반려동물 그림을 수없이 의뢰받아 그렸다. 세 마리의 개와 올빼미가 있는 그림도 있다.

빅토리아와 결혼한 앨버트는 독일에서 애견인 그레이하운드 '이오스'를 데려왔다. 빅토리아는 신혼 2년째의 크리스마스에 앨버트에게 서프라이즈 선물로 이오스의 '초상화'를 선물했다. 희대의 동물화가가 그린 암컷 개의 옆 얼굴은 늠름했고, 앨버트의 소지품인 톱 햇과 어린 산양 가죽으로 만든 장갑, 상아 손잡이가 달린 지팡이 등을 얌전히 지키고 있었다. 1844년 죽었을 때는 이오스에게도 대시와 마찬

❉ 앨버트가 코부르크에서 데려온 그레이하운드 이오스 에드윈 랜시어 그림. 1841년.

가지로 브론즈상 기념비가 달린 묘를 만들어주었다고 한다.

인생의 진전과 견종 취향

빅토리아는 19세기 중반부터 후반에 걸쳐 자연이 풍부한 스코틀랜드의 하일랜드(Highland)에서 지내길 좋아했다. 1868년과 1883년, 그 땅에서 쓴 일지를 묶은 『하일랜드 생활 일지에서 몇 장』과 그 속편을 출판했다. 속편에는 '마음에 든 콜리견'으로 '노블'과 '샤프'가 등장한다. 샤프는 성격이 난폭하고 여왕을 모시는 하인 존 브라운만을 따랐으나, 노블은 성질이 순하고 말을 잘 들었다고 한다. 이 개들에게도 훗날 묘를 만들어주었다.

그리고 만년의 그녀는 독일에서 태어난 포메라니안 등의 소형견

❋빅토리아의 신뢰를 받은 하일랜드 출신 하인 존 브라운이 개들에게 둘러싸여 있는 모습. 1880년대 초반.

을 사랑했다. 1901년, 인생 최후의 날을 함께한 개에 대해서는 제9장을 참조하기 바란다.

19세기 빅토리아가 태어난 시대는 몇 세기나 전부터 양치기견, 작업견, 수렵견 등 특정 역할에 쓰여온 수많은 견종이 가정용 반려견으로 이행하던 시기에 해당한다. 1835년 투견이나 동물 학대를 규제하는 법률이 생겼다. 1870년대에는 영국에서 애견협회가 생겼고, 견종의 고정이 진행되었다. 품평회가 크게 융성했고, 각각의 견종 중에서 도그 쇼에서 좋은 평가를 받기 쉬운 특징을 강조하는 형태로 '개량'이 가해지기 시작했다.

빅토리아는 동물 애호에 열심이었고, 동물의 생체 해부 실험에 강하게 반대했다.

한편으로는 당시의 상류 계급에 속하는 인간의 사고방식으로서, 남편이 즐기던 사슴 사냥에는 특별히 반대하지 않았다고 한다.

빅토리아 여왕이 그때그때 선택했던 개의 종류에 그녀 자신의 인생의 변화가 드러나 있다 할 수 있을 것이다. 그리고 여왕과 개들의 관계를 보면 역사상의 이 시기에 인간과 개의 관계에서 일어난 변화의 일부분을 엿볼 수 있을 것이다.

제3장
빅토리아의 왕궁

1837~1880

✤ 1837년에 즉위한 빅토리아. 아직 어리고 경험도 적었기 때문에 멜번 총리와 가정교사 레첸 외에도 주변에 있던 여관들과 나눈 소문 이야기에도 영향을 받기 쉬웠다. 데이비드 캠벨 『빅토리아 여왕이자 여제』 1901년.

❖ '여관(女官)'이란 누구를 말하나?

왕실과 의회를 뒤흔들었던 '침실 여관 위기'와 '플로라 헤이스팅스 사건'의 발단이 되었던 것은 여왕을 둘러싼 '여관'의 존재였다. 하지만 애초에 '여관'이란 무엇일까. 어떤 사람이 어떻게 여관이 되며, 뭘 하며 지내는 걸까. 다른 귀족의 집에도 있는 '시녀(Lady's Maid)', '가사 하인(Domestic Servant)'과의 차이는 무엇일까?

일단, 여성 군주를 곁에서 모시는 신분이 어느 정도 높은 여성들을 통틀어 '여관(Lady-in-Waiting)'이라고 한다. 남성은 '시종(Lord-in-Waiting)'이 된다.

여관의 톱 지위는 '여관장(女官長)'이 차지했다. 로브란 의복이며, 이름 그대로 여왕의 의상이나 복식품에 책임을 지는 포지션이다. 빅토리아의 즉위 때 최초로 지명된 것은 서덜랜드 공작 부인이었다. 여왕은 일기에 그녀에 대해 '무척이나 늠름하다(handsome)'고 적었다.

대관식 전에 여관장이 여왕의 의상 세트의 견적서를 작성한 기록이 남아 있는데, 거기에 따르면 의회용 로브의 커틀은 12만 파운드, 맨틀은 500파운드. 자주색 벨벳 로브는 643파운드 10실링. 금색 자수가 들어간 긴 상의(Super Tunica)는 410파운드이며 장갑은 3파운드로 견적이 나와 있었다.

여관장은 세인트 제임스 궁전에 오피스가 주어져 일을 했는데, 들어와서 살 필요는 없었으며 상근도 아니었다. 여왕의 의상도 그녀의 오피스에 보관되는 것이 아니어서 손을 움직여야 하는 일은 더 아래 사람들이 맡아 했다. 예를 들어 여왕의 옷 시중이나 세탁, 다림질 등

✤ 버킹엄 궁전의 황색 응접실. 총리나 대신, 그날에 초대받은 손님 외에 당번 여관과 시종들이 여왕과 손님의 상대역을 맡는다. 『일러스트레이티드 런던 뉴스』 1844년 7월 6일.

의 작업은 하인 신분의 의상 담당(Dresser)과 의상 담당 메이드가 수행했다.

여관장 밑에는 침실 담당 여관들이 있었다. 미혼 여관은 메이드 오브 아너(Maid of Honor)라 불렀다. 기혼 부인과 과부 여관은 레이디 오브 더 베드체임버(Lady of the Bedchamber), 또는 우먼 오브 더 베드체임버(Woman of the Bedchamber), 베드체임버 우먼(Bedchamber Woman)이라고도 불렀다. 미혼의 젊은 여관에게는 300파운드, 기혼 여관에게는 한 해에 300~500파운드의 급여가 지불되었다. 지주의 연 수입은 1,000파운드 이상, 유력 귀족의 당주라면 수만 파운드의 연 수입이 있었기 때문에 이것만 가지고 상류 계급의 우아한 생활을 바랄 수는 없다. 하지만 중류 계급의 전문직 남성과는 거의 비슷할 정도로, 당시의 여성으로서는 꽤 좋은 금액이라 할 수 있다.

침실 여관들은 2인 1조, 총 8명이 로테이션으로 근무했으며, 한 번에 1개월씩 1년에 3회, 즉 한 사람당 연간 90일 정도 나와 일했다. 조를 짜는 일이나 연간 스케줄은 여관장이 조정한다. 근무 이외의 기간은 가족이 있는 집으로 돌아가거나, 해외여행을 떠나거나, 궁전 내부에 주어진 방에서 지내는 것도 가능해 비교적 자유로웠다.

❖ 메이드 오브 아너(Maid of Honor)

> (미혼 여관이라는) 특수하고 비밀을 엄수해야 하는 지위에 어울리는 소녀의 조건은 일단 출신이 좋을 것, 다만 일부에서 생각하는 것처럼 귀족의 딸이 아니면 안 되는 것은 결코 아닙니다. 아버지나 어머니가 아마 이미 여왕을 모셨거나, 아니면 큰어머니나 언니가 미혼의 여관으로 모신 적이 있는지도 모릅니다.
>
> -폐하의 하인 중 한 사람에 의한 『여왕의 사생활』(1897년)

여관은 전반적으로 귀족이나 그에 준하는 집안의 여성이 선발되

었다. 높은 신분이 아니더라도, 예를 들어 소녀 시대에 지도를 받은 교사의 딸 등 여왕이 개인적으로 인연이 있는 사람을 채용하는 예도 일부 있다. 어쨌든 중류 이상의 신분인 여관과 노동자 출신인 가사 하인은 지위와 입장이 확실히 달랐다. 메이드라는 단어가 포함된 직함이라 해도, 여관은 하인이 아니라 메이드를 부리는 입장이며, 자신의 개인 하인을 거느리고 왕궁에서 살았다.

　여관이란 실질적인 육체노동을 하는 하인이 아니라, 가까운 곳에서 여왕과 시간을 보내는 '상대역(Companion)'이다. 여왕의 스케줄에 맞춰 함께 외출하고, 식탁에 동석하며, 식후 등 여가 시간의 기분 전환에 함께한다. 예를 들면 1887년, 미혼 여관(Maid of Honor)이 되라는 타진을 받은 마리 맬릿은 다음과 같은 질문에 대답해야만 했다고 한다.

1. 프랑스어와 독일어를 말하고 읽고 쓸 수 있는가?
2. 악보를 처음 보고 읽을 수 있으며, 베아트리스 왕녀(빅토리아의 막내딸)와 듀엣이 가능한가?
3. 승마가 가능한가?
4. 결혼을 했거나, 아니면 할 예정인가?

-마리 맬릿의 회상. 빅터 맬릿 엮음『빅토리아 여왕과의 생활(Life with Queen Victoria: Marie Mallet's Letters from Court 1887~1901)』. 1968년.

마리는 왕궁 생활에 대해 어머니와 남편에게 편지를 보냈으며, 아들 빅터가 그것들을 훗날 책으로 엮어 출판했다. 그의 빅터라는 이름은 빅토리아 여왕이 대모가 되어 하사한 것이다. 빅토리아의 가족, 친척, 정신(廷臣), 여관, 친밀한 하인에게 가족이 생기면 대부분 그 아이들에게는 남자라면 앨버트나 빅터, 여자라면 빅토리아나 알베르타, 때로는 그 양쪽 모두의 이름이 붙여졌다. 예를 들면 1850년대에 여왕의 의상을 담당했던 프리다 아널드의 장녀 이름은 '빅토리아 알베르타'이다.

여왕은 마리에게 갓 태어난 빅터 맬릿을 데려오게 해 회견했고, 마차 장난감을 주며 굉장히 귀여워했다고 한다. 그녀는 마음에 든 여관이나 하인에 대해서는 기회를 보아 친밀하게 말을 걸었고, 기념용

✤ 메이드 오브 아너를 맡았던 1891년 경의 마리 맬릿. 『빅토리아 여왕과의 생활』 1968년.

✤ 마리 맬릿의 아들 빅터. 빅토리아는 소년 의 곱슬머리를 마음에 들어 했으며, 만나지 않는 동안에 잘라버린 것을 알고 격노했다 고 한다

장신구나 자신의 사진을 선물하고 남편이나 아이들을 궁전으로 초 대해 머물게 하면서 친형제의 소식을 하나하나 자세히 물었다. 여관 이나 정신으로서는 급료(Salary)와 바꾸어 시간을 구속당하고 기능을 제공하는 '일'이기도 했지만, 단순히 그것뿐인 존재도 아니었다. 빅 토리아는 개인적으로 가족 같은 관계를 유지하기를 좋아했다.

✤ 여관이 일하는 시간

여관과 시종의 근무 시간은 전부 여왕의 사정에 좌우되며, 궁전에

서 보내는 태반의 시간은 여왕의 부름을 '계속해서 대기하는' 일에 허비되었다. 여왕의 식탁으로 불려가 외국에서 온 빈객 곁에 앉게 될 것인지, 아니면 여왕이 가족끼리만 있기를 바라서 여관과 정신들만으로 이루어진 식탁에 앉게 될 것인지는 그날의 직전이 되기 전까지는 알 수가 없었다.

어젯밤 8시 30분이 지나 윈저로 돌아왔을 때, 여왕 폐하께서는 기운이 넘쳤고 긴 여행의 피로는 조금도 없는 것 같았습니다. 도착 직후 저희는 모두 그녀의 식탁에 불려갔습니다. 처칠 경 부인과 해리엇(모두 동료 여관)이 얼마나 절망했을지를 상상해봐요. 짐도 아직 풀기 전이고 얼굴조차 씻기 전이었고, 지쳐서 자기 방에서 조용히 식사를 할 준비를 막 마친 참이었는데. 하지만 어쩔 수 없죠. 그녀들은 도착한 그대로, 여행용 드레스로 나타나는 처지가 되었습니다. 베아트리스 왕녀도 마찬가지였고요.
  -마리 맬릿의 편지(1888년 4월 28일)

이런 편지는 여왕이 즉위하고 50년이 지난 시점의 일이며, 즉위 직후의 독신 시대나 결혼하고 가족이 늘어났을 때는 또 다른 행동 패턴이었으리라 상상은 할 수 있다. 그렇다고는 해도, 어느 시기라도 왕궁에 있는 동안 정신, 여관들의 시간은 모두 여왕을 중심으로 돌아갔다는 사실이 달라지지는 않는다.

❖ 왕궁의 인원 구성

여왕의 주위를 둘러싼 침실 여관이나 미혼 여관들 바깥쪽에는, 더 많은 사람들이 여왕을 중심으로 원을 그린 듯 포진한 채 세세하게 분류된 역할을 담당하며 전체가 하나의 조직을 이룬다.

빅토리아의 즉위로부터 10년이 조금 더 지난 1848년에 발행된 소책자『여왕 폐하의 가내 소묘』에 의하면, 빅토리아의 왕궁에서 일하는 사람은 크게 3개로 나뉘어 있었다. 궁내부 장관(Lord Chamberlain), 가정부 장관(Lord Steward), 거마 관리관(Master of the Horse)이 이끄는 부서이다. 단, 각각의 장들은 왕궁에 살 필요가 없었으며, 매일의 실무 자체는 부관과 회계 장관 등의 부하들이 중심이 되어 수행했다.

❖ 궁내부 장관의 부서
─화려한 왕궁을 지탱한다

전술했던 여관장과 그 밑의 침실 여관은 궁내부 장관의 부서에 속한다. 여왕의 상대를 맡는 여관의 남성판 같은 존재가 궁내관(Groom-in-Waiting)이었다. 여왕과 궁정 신하들이 생활하는 방에는 알현실 시동(Page of the Presence)과 뒷계단 시동(Page of the Backstairs)이 대기하

✿ 제인 처칠 경 부인. 1854년 침실 여관이 되어 1900년 크리스마스에 세상을 떠날 때까지 일했다.

면서 문을 열고 닫거나, 식사 시 급사 일을 하곤 했다.

궁내부 장관이 이끄는 부서의 중요한 자리로는 왕실 출납 장관(Keeper of the Privy Purse)이 있다. 주로 여왕의 개인 재산을 관리하는 자리다. 또 버킹엄 궁전, 윈저성 등 각 궁전에는 각각 한 명씩 감독관이 배치되었으며, '하우스키퍼(Housekeeper)'는 그 아래 위치였다. 이경우 하우스키퍼가 하는 일은 현대 일본이나 당시의 영국에서 같은 이름으로 불리는 자가 하는 것과는 성격이 약간 다르다. 빅토리아의 치세 초기에는 신분이 높은 레이디나 선대 국왕의 첩의 딸들이 배속되는 경우도 있었다. 하우스키퍼는 청소 담당인 하우스메이드를 감독했다. 윈저성과 버킹엄 궁전에는 각각 40명의 하우스메이드가 고용되어 있었다.

궁내부 장관의 부서 중에서 여왕 일가와 손님들에게 오락을 제공하는 흥미로운 직종으로는 악단, 트럼페터(Trumpeter, 트럼펫 연주자-역주), 팀파니(Timpani, 케틀드럼의 일종인 타악기-역주) 연주자, 드럼 연주자 등의 뮤지션과 사서, 테니스 코트 마스터 등이 있었다. 후술할 '백조 관리관'도 이 그룹에 속한다.

✤ 윈저에서는 군악대가, 그리고 스코틀랜드의 밸모럴에서는 백파이프 연주자와 피들(Fiddle, 유럽 중세의 현악기로 일종의 바이올린-역주) 연주자가 식사 시 등에 연주를 했다. 1854년부터 여왕에게 고용되었던 윌리엄 로스의 초상. 케네스 맥클레이(Kenneth Macleay)의 수채화. 1866년.

❖ 왕궁 소속 의사-여왕의 심신의 건강을 담당한다

　왕궁 소속 의사나 약제사들도 궁내부 장관의 부서에 속해 있었으며, 여왕과 왕실 일동의 건강을 맡는 중요한 그룹을 이루었다. 1838년 왕궁에서는 플로라 헤이스팅스를 필두로 상임 의사와 약제사가 8명, 특임 내과의 5명과 특임 외과의, 치과의 등 기타가 4명 등 대소대였다. 여왕의 결혼과 출산을 겪으며 인원 구성이 달라졌으며, 만년에는 매일같이 의사와 면회하며 상담하게 되었다.

　의사 중에는 기사 작위나 준남작 작위를 받아 경이라 불리는 사람도 적지 않았으나, 출신은 보통 중류 계급이었으며, 여왕의 가족이나

❀ 제임스 클락 의사. 레오폴드 숙부에게서 켄트 공 부인의 주치의가 되었으며, 빅토리아가 즉위한 1837년부터 여왕의 왕궁 직속 의사가 된다. 1860년 은퇴하지만, 여왕의 부군의 병 때문에 다시 불려왔다.

❀ 제임스 리드 의사. 1881년부터 왕궁에 일하며 여왕의 신뢰를 받았고, 그녀의 사후에도 에드워드 7세, 조지 5세에게도 왕궁 직속 의사로 임명되었다.

친척, 귀족이나 지주의 자녀들이 점유하던 정신들보다는 지위가 아래였다. 그렇기 때문에 의사는 처음에는 여왕과도, 다른 정신들과도 저녁 식사를 함께 하지 않았다. 하지만 여왕이 나이를 먹으면서 건강에 대한 관심이 높아진 건지, 아니면 개인적인 관계나 인품에 의한 것인지 1880년대부터 중용되었던 제임스 리드 의사는 처음으로 여왕과 정신들의 식탁에 초대받게 되었다.

❖ 가정부 장관의 부서-하층 하인들을 통괄한다

궁내부 장관의 부서는 '계단 위', 즉 왕궁 내의 공적인 부분에 관련된 인원이 속한다. 그리고 가정부 장관(Lord Steward)이 이끄는 부서에는 '계단 아래'에 관련된 사람들이 속해 있는 분류였다.

1848년의 소책자 『여왕 폐하의 가내 소묘』에는 가정부 장관은 '공식 행사 때를 제외하고 거의 왕궁에 있는 일은 없다'고 되어 있다. 가정부 장관 아래에는 왕실 회계 감사관(Controller of the Household), 그 아래에는 왕실 회계국 장관(Treasurer of the Household)이 있었으며, 공식적으로는 이 부서의 비용을 체크하는 일이었다. 하지만 지금까지 열거한 리더의 자리는 침실 여관 위기 때 문제가 되었던 것과 같은 관습으로, 정권이 교대될 때마다 새로운 총리와 같은 당파의 사람으로 전부 교체된다. 그리고 실무는 한 단계 아래인, 국정에 좌우되지 않고 계속 일하는 가정 사무관(Master of the Household)에게 맡겨졌다. 가정 사무관은 가정부 장관 부서의 비용을 관리하고, 가사 하인을 관리하는 책임을 진다. 왕실이 아닌 상류 계급의 일반 가정에서는 가령(家令, House Steward)이나 집사(Butler)라 불리는 상급 하인이 하던 일 내용과 가깝다. 이 직책은 여왕이 머무는 곳에 항상 대기했다.

❖ 요리사 대군

가정부 장관의 부서 중에도 특히 더 중요하고, 인원수에서도 커다란 비중을 점유하는 것이 여왕 일가와 정신, 하인들의 위장을 채우는 키친 부문이다. 만드는 요리 종류나 담당하는 일에 따라 세세하게 분류된 수많은 스태프가 계층을 구별해 일하고 있었다.

키친에서 최고 지위는 주방 사무 감사관(Clerk Controller of the Kitchen)과 4명의 주방 사무관(Clerk of the Kitchen). 이들은 메뉴를 적어 여왕에게 보내고 승인

❖ 1898년 스위스에서 영국으로 건너와 윈저성에서 수습 일을 시작한 16세의 가브리엘 추미. 회상록 『로열 셰프』 1954년.

✤ 와이트섬에 건설된 별궁 오즈본 하우스의 키친. 손님을 초대하는 연회가 적었기 때문에 윈저보다는 규모가 작다. 1870년대.

을 받는다. 급사 역할을 하는 풋맨을 총괄하고, 일부의 구입품에 대해 청구서를 지불하는 일도 담당했다. 조리장에서 작업에 관여하는 멤버는 주임(Chief) 요리사, 숙련(Master) 요리사, 주방 보조(Yeoman of the Kitchen), 설거지 담당(Scourer), 그리고 여성 요리사와 키친 메이드라는 순서로 이어진다. 윗사람이 퇴직하거나 세상을 떠나면 같은 부문에서 순서대로 승진했다.

1898년에 여왕의 의상을 담당하던 사촌의 소개로 수습으로 채용된 가브리엘 추미(Gabriel Tschumi)는 고기 직화구이부터 아이스크림이나 디저트까지, 2주일 만에 다양한 부서에서 잡무를 했으며, 에드워드 7세가 즉위할 때쯤 수습 기간이 끝나 정식 채용 타진을 받았다. 하지만 '1년에 4명씩 받는 수습이 전원 채용되는 것은 아니었다'고 회상록에 적었다.

❖ 윈저성의 거대한 키친. 마루에 세워진 T자형 가스등이 눈길을 끈다. 조리대마다 다른 요리를 동시에 진행하고 있다. 『일러스트레이티드 런던 뉴스』 1850년 12월 28일

❖ 키친의 남자들

일반 가정과 비교하면 왕실의 키친에는 남성 스태프가 많았다. 19세기의 영국에서 가사하인 인구 전체 중에서 보면, 남성 하인의 비율은 적었고 여성 쪽이 압도적으로 많았다. 이것은 여성 쪽이 인건비가 저렴하고 남성의 절반 정도의 급료로 제한할 수 있었다는 점, 여성은 순종적이고 명령을 잘 듣는다고 생각되던 점, 가사하인의 일을 무시하기 일쑤였기에 성인 남성의 직장으로는 그다지 선호되지 않았다는 점 등의 이유를 들 수 있다. 하지만 왕실의 키친은 격식이 높고, 급료도 비교적 좋았으며, 경우에 따라서는 요리사 커리어에 대해서도 평가가 높아지기 때문에 남성 수습 희망자를 모으는 일도 쉬웠

을 것이다.

'전직 로열 셰프'라는 이력이 선전에 위력을 발휘하는 것은 당시든 현재든 다르지 않았다. 전술했던 추미의 경우도, 왕궁의 키친에서 주임 요리사를 맡은 후 공작 저택이나 엘리자베스 2세의 어머니 메어리 왕태후의 저택에 불려가 셰프로 일했다. 회상록의 타이틀은 그 이름도 찬란한 『로열 셰프』이다.

메인 요리를 하는 요리사 외에도 설탕과자 장인, 빵 장인, 과자빵 장인 등도 고용되었다. '테이블 장식사(Decker)'라는 직종은 왕실에서나 볼 수 있는 특이한 존재다. 식탁에 요리를 늘어놓는 일을 담당하는데, 식사를 서빙하는 웨이터는 아니다. '수학적인 정확함'으로 그릇을 배치하는 것을 전문으로 하는 남성들이었다. 여왕은 1년 동안 계절마다 해변이나 높은 곳의 이궁으로 주거지를 옮겼는데, 이 테이블 데커들도 필요에 따라 호출되었다고 한다.

❖ 거마 관리관의 부서-말과 마차에 관한 일

왕실의 중요한 3개의 부서 중에 궁내부 장관, 가정부 장관 다음인 마지막 그룹이 '거마 관리관(Master of Horse)'의 부서로, 왕실 마구간(Royal Mews)에 관계된 일을 맡는다. '시종 무관(Equerry)'은 군인 중에서 선발되며, 마구간 스태프와 연락을 취하는 역할을 맡기도 하며, 여왕이 마차나 승마로 외출할 때 동행하기도 한다. 주임 1명, 상임 4

✤ 의회의 개회 연설을 하는 여왕을 태우고 버킹엄 궁전을 떠나는 황금 마차. 마부를 비롯한 스태프도 붉은 천에 두꺼운 금 자수가 들어간 최상급 의복을 입었다. 『일러스트레이티드 런던 뉴스』 1851년 2월 8일.

명이 정권별로 선발되며 항상 1명의 시종 무관이 여왕을 따른다. 식탁에서 함께하기도 한다. '시동(Page of Inner)'은 귀족의 매우 어린 자식들이 선발되었다. 남성을 대상으로 한 '접견회(Levee)'나 의회 개회식, 열병식 등 공식 행사에서 여왕의 망토 자락을 받쳐 드는 인기 있는 명예직이다. 임기는 3, 4년으로, 11세나 12세에 졸업했다.

왕실의 마구간인 로열 뮤즈에는 말과 마차를 관리하는 하인이 몰려 있었다. '조수(Helper)', '말 돌보기 담당(Groom)', '마부(Coachman)' 순서로 경험을 쌓아 출세해가는 것이 일반적인 루트였다고 한다.

❀ 버킹엄 궁전의 왕궁 마구간에서 검은 말을 마차에 연결하는 스태프와 준비를 기다리는 마부들. 찰스 러첸스의 회화를 기초로 삽화로 만든 것. 『빅토리아 여왕의 생애와 시대』 제2 권. 1897년경.

❖ 풋맨의 출세

거마 관리관의 부서에는 '풋맨(Footman)'도 있었다. 일반 귀족의 집에도 남성 하인 중 인기리에 고용되던 직종으로, 18세기의 신사풍의 고풍스러운 의복을 입고 업무를 한다. 빅토리아 여왕의 왕궁에 채용된 풋맨은 급료와 의복은 왕궁에서 받으면서, 처음에는 궁전이 아닌 거마 관리관의 저택에서 일했다. 어느 정도 일한 후에 마구간으로 불려가 여왕이 마차로 외출할 때 동행하는 여관이나 시종 무관의 뒷바라지를 한다. 좀 더 출세하면 드디어 궁전 안에 배속되며, 식사 시의 급사 일이나 방에서 '여왕을 모시는 수많은 사람들'의 명령을 듣고 움직인다.

✤ 대관식이나 의회 개회 등 가장 격이 높은 행사에 사용된 황금 의식용 마차(State Coach). 곳곳에 황금이 칠해져 있으며, 왕관과 로마 신화에 나오는 신들의 의장으로 호화롭게 장식되어 있다.

　단, 여왕만은 담당이 아니었다. 최소한 1846년의 기록에서는, 그건 전술한 궁내부 장관 아래의 '뒷계단 시동'이 하는 일이었다. 같은 장소에 배속되어 비슷한 내용의 일을 담당한다 해도, 한쪽은 여왕의 시중을 들지만 다른 한쪽은 그녀를 시중 드는 여관이나 시종의 시중만 든다.

　또 여왕의 개인 하인으로 주변에서 시중을 드는 것은, 특히 치세 후반에는 빅토리아가 자신의 취향에 따라 독특한 인선을 하게 되었다. 1860~70년대에는 킬트를 입은 스코틀랜드인, 1880년대 말부터는 터번을 두른 인도인 하인을 좋아해서 주변에 두었다. 그들은 형식상 궁내부 장관의 부서에 포함되어 있었으나, 기본적으로 여왕의 명령밖에 듣지 않았다.

❖ 복잡기괴한 구조

이처럼 왕실의 구조는 낡고 복잡했으며, 명령 계통은 혼잡해서 책임의 소재를 알기 어렵고 아무튼 비효율적이었다. 왕실에서 일하는 사람들에게 인정된 특권이나 부수입을 악용하는 자들도 끊이지 않았다.

사용하지 않은 양초, 장갑, 빗자루 등의 지급품이 체크할 때마다 부자연스러울 정도로 대량으로 '분실'되어 있어도 관리를 담당해야 할 사람은 아무도 책임을 지지 않고 오히려 이런 비품 유용은 당연한 권리로 여겨졌다. 1880년대에는 스태프가 '왕가의 문장이 들어간 행주로 짐을 싸서 외부로 보내는' 일이 아무렇지도 않게 일어났으며, 그 결과 문장이 들어간 행주가 윈저 마을에 돌아다니는 일이 벌어지기도 했다. 또 왕실의 하인에게는 체포와 소추(訴追)를 받지 않는다는 특권도 남아 있었다.

빅토리아의 긴 치세 동안 왕궁의 비효율을 바로잡으려는 사람도 이따금 나타났지만, 한때는 개선된다 해도 시간이 지나면 어느새 방만한 운영으로 돌아가버리는 일이 되풀이된 모양이다. 1840년대에 왕궁의 개혁을 꾀했던 것은 여왕의 남편이 된 앨버트 공이었다. 이때의 경위에 대해서는 제5장에서 다루도록 하겠다.

유능하고 부지런하며 도덕적이고 선량한 인격으로 알려진 앨버트는 멜번 총리에 이어 정치와 사생활 양면에서 빅토리아에게 지대한 영향을 미치는 어드바이저 지위에 머물렀다. 다음 제4장에서는 빅토리아와 앨버트의 결혼 경위를 쫓아가보자.

✿ 버킹엄 궁전의 공식 정찬실. 남녀가 교대로 자리에 앉고, 12명 정도의 풋맨이 급사 일을 한다. 『일러스트레이티드 런던 뉴스』 1850년 8월 17일.

템스강의 전통 행사

'영국의 백조는 전부 왕실의 것이다'라는 전설이 있는데, 이것은 정확하게는 틀린 것으로 왕실 말고도 '염색공 조합'과 '와인상 조합'도 전통적으로 백조의 소유권을 나눠 갖는 형태로 인정받았다.

현재는 템스강의 특정 유역에서 두 개 조합의 표식이 없는 백조는 여왕의 것으로 간주된다. 1년에 한 번, 여름에 그곳에 서식하는 백조의 개체 수를 세는 '스완 어핑'이라는 이벤트가 실시되며, 이는 템스의 전통적인 명물이 되었다.

왕궁의 신하 중에 백조 관리관(Keeper of the Swans)이라는 직책이 있다. 자유로이 날아다니는 백조를 관리하는 담당관을 굳이 둘 필요가 있나 생각할지도 모른다. 하지만 베라 왓슨(Vera Watson)의 『재택의 여왕(A Queen at Home)』(1952)에 의하면 실제로 이 '왕실의 백조'를 둘러싼 사건이 19세기 기록에 남아 있다.

백조를 둘러싼 사건

1851년 9월, 런던의 빵가게에서 '여왕의 백조가 팔리는' 것을 발견한 백조 관리관이 궁내부 장관에게 보고했다. 빵가게와 납품업자들을 취조한 결과, 납품업자는 백조 소유를 정식으로 인정받은 염색공 조합으로부터 증여받은 후 실수로 놓쳐버렸던 자신의 새라 생각했던 것이다, 그렇지 않다면 팔지 않았을 것이라고 주장했다. 여왕의

❀ 리치먼드 어폰 템스(Richmond upon Thames) 브렌트포드에서 열린 백조를 세는 행사 '스완 어핑(Swan Upping, 야생 백조들을 보호하기 위해 백조를 잡아 표시해 숫자를 파악하는 행사-역주)'. 『일러스트레이티드 런던 뉴스』 1844년 7월 20일.

것으로 판별되었기에 아마도 마킹은 되어 있지 않았으리라 추측되었고, 업자의 주장에는 의혹이 남았다. 하지만 결국은 벌을 받지 않고 넘어갔다. 궁내부 장관인지—아니면 여왕 자신에게까지 보고가 올라간 건지, 누가 이 관대한 판단을 내린 것인지는 불분명하다.

제**4**장
결혼으로 가는 길

1828~1840

❖ '가장 사랑하는 신랑님' 앨버트

오늘 컨디션은 좀 어떤지 모르겠네. 잘 잤어요? 난 푹 쉬었
고, 오늘은 무척 기분이 좋아요. 날씨는 굉장히 나쁘지만! 그래
도 조만간 비는 그칠 것 같아요.

준비 다 되시면 전언을 보내주세요. 나의 가장 사랑하는 신

❖ 1840년의 결혼식에서 맹세하는 빅토리아와 앨버트. 그림이 들어간
기념책 『황금의 50년』, 1887년.

랑님. 당신의 충실한 빅토리아 R.

　-결혼식 아침, 여왕이 보낸 메모(1840년 2월 10일)

　즉위로부터 3년 후인 1840년, 빅토리아는 결혼했다. 상대는 독일의 작은 연방국 군주 작센 코부르크 고타 공의 차남, 앨버트(독일 이름은 알브레히트). 어머니의 오빠의 자식, 즉 외사촌으로, 같은 나이였다. 정확히는 신랑 쪽이 신부보다 3개월 연하였다. 빅토리아는 핸섬하고 지적인 앨버트에게 홀딱 반했고, 앨버트도 거기 응했다. 하지만 물론, 군주의 결혼도 당시의 다른 대부분의 관계와 마찬가지로 당사자끼리의 감정만으로는 결정되지 않는다. 여기에 이르기까지는 다양한 조건이 음미되었고, 주도면밀하게 길이 만들어지고, 사전 교섭과 준비가 진행되었다.

❖ 대량의 후보자 무리

　신랑 후보로서 최초로 이름이 보도된 것은 앨버트가 아니었다. 빅토리아가 아홉 살 때인 1828년 5월에는 빨리도 어떤 신문에 억측 기사가 실렸다. '상류 계급의 확실한 소식통에 의하면, 컴벌랜드 공작 아들 조지 전하가 왕가와 약혼하게 된다는 소문. 상대는 프린세스 빅토리아'.

　한편, 고급지인 『타임스』에서는 이렇게 말했다.

✤ 1829년경 앨버트와 형 에른스트. 막달레나 달튼이 그린 루트비히 돌의 묘사. 1846년경.

　　미개하고 야만적인 시대에는 고귀한 태생의 어린아이들을 혼인시키는 것은 '초자연혼(超自然婚)' 등으로 불렸으나, 희귀한 것은 아니었다. 하지만 우리는 야만의 시대는 끝났다고 생각해야 하며, (조지와 빅토리아의) 소문으로 도는 그런 결혼에 우리 교회가 신성한 의식을 적용하는 것은 있을 수 없다. (중략) 이 일은 8년에서 10년 정도는 망각의 저편에 놓이게 되겠지. 그 후

❋ 1829년 5월 28일, 빅토리아는 10세 때 국왕 조지 4세가 개최한 어린이 무도회에 처음으로 참가했다. 빅토리아와 같은 나이로 이미 포르투갈의 여왕이 되었던 주빈 마리아 2세(오른쪽)가 넘어져 상처를 입기도 했다. 『V.R.I.』 1901년.

에 무슨 일이 일어날지는 아무도 모른다.

　-『타임스』(1828년 4월 30일)

　태어났을 때부터 부모들끼리 얘기가 오고가 '정혼' 상대가 정해져 있고, 본인의 의지로는 결코 바꿀 수 없는―아니면 10대 초반에 형식상으로라도 결혼시켜버리고 마는― 이런 이야기에서 자주 볼 수 있는 관습은 최소한 이 시대, 이 나라, 빅토리아의 경우에는 맞지 않는다. 타국에서는 자주 볼 수 있었으나 여기서는 이미 '미개하고 야만적인' 관습으로 간주되었던 모양이다. 그렇다고 해서 누구나 좋아하는 상대를 고를 수 있었던 것도 아니다. 사전에 준비된 후보자들과 어울리는 시간과 장소에서 만나고, 취향이나 성격을 파악해 마지막에는 본인이 결정한다.

당시의 프랑스 왕 루이 필립의 아들 올레앙 공 페르디난 필립이라는 이름이 프랑스 신문에 실린 적도 있었다. 그 외에도 유럽 각국의 왕자들 이름이 부상했다가 사라졌다.

대중의 예상은 제쳐두고, 실제로 액션을 취할 권리이 있는 것은 모친인 켄트 공 부인과 당시 국왕 윌리엄 4세이다. 독일에서 영국으로 시집왔으나, 남편은 세상을 떠나고 영국 왕실에 고립되어 있었던 모친은 자신의 친척들, 코부르크 일족의 조카들 중 누군가를 딸의 배필로 맞이하길 바랐다. 그에 비해 국왕 윌리엄 4세는 독일계 세력이 더 이상 영국 왕실에 늘어나는 것을 싫어했기 때문에, 네덜란드 왕가와 혼인하기를 바랐다. 그래서 국왕과 켄트 공 부인은 공공연하게 대립하게 되었다.

❖ 여왕의 남편을 목표로 한 경주

아무튼, 빅토리아의 손을 잡을 권리를 다투는 레이스는 그녀가 13세 정도일 때 이미 시작되었다. 1832년 멘스돌프 백작 가문의 휴고와 알폰소, 그다음 해에는 뷔르템베르크의 알렉산더와 에른스트가 방문했다. 히트 확률을 높이기 위해서인지, 왕자들은 대체로 비슷한 연령대의 형제가 세트로 찾아왔다.

즉위 전의 빅토리아는 어머니와 측근들이 만든 '켄싱턴 시스템'이라 불리는 체제 속에서 고립된 어린 시절을 보냈다. 남자아이는커녕 같은 계급, 같은 나이대의 친구조차도 거의 없던 차에, 갑자기 젊은 남자가 2인 1조로 몰려오게 된 것이다. 그녀는 이성에 지대한 관심을 품고, 남자들이 비위를 맞춰주는 상황을 즐겼다.

1836년, 켄트 공 부인의 오빠의 아들인 코하리 가문의 페르디난트와 아우구스트는 상당히 좋은 인상을 남겼다. 한편으로는 앞서 말했던 뷔르템베르크의 알렉산더와 에른스트는 '여기 왔을 때는 느낌이 괜찮은 사람들이라 생각했는데, 겉보기와는 전혀 달랐던 모양이다. 너무나도 한심한, 좋지 않은 생활을 보내더라'라고 일기에 적었다.

국왕 윌리엄 4세도 켄트 공 부인에 대항해 조카와 맺어졌으면 하는 후보자를 불렀다. 1836년 5월 13일, 국왕은 빅토리아의 생일을 기념해 세인트 제임스 궁전에서 무도회를 열었다. 아버지 쪽의 또 하나의 사촌 케임브리지 공의 아들 조지와 네덜란드 왕실의 윌렘과 알렉산더 왕자가 윌리엄 4세가 추천하는 빅토리아의 신랑 후보였다. 하지만—.

> (네덜란드의 왕자들은) 둘 다 굉장히 못생겼어요. 칼미크인(몽골계의 한 부족)과 네덜란드인이 섞인 듯한 얼굴이었고, 둔해 보였고, 기운이 없고, 겁을 먹은 것 같아서 전혀 매력적이지 않았습니다.
>
> -빅토리아가 레오폴드에게 보낸 편지(1836년 5월 13일)

❀ 오른쪽 안쪽의 문 너머에서 안쪽을 바라보는 켄트 공 부인의 지휘로, 코부르크족 남자들이 빅토리아 곁에 집결했다. 왼쪽 끝이 진짜 상대인 앨버트, 창가에 앉은 이가 마리아 2세와 결혼해 포르투갈 왕이 된 페르디난트, 중앙에서 바이올린을 켜는 이가 벨기에 왕 레오폴드, 피아노를 치는 이가 앨버트의 형 에른스트. 찰스 헌트(Charles Hunt)가 그린 풍자 리토그래프. 1841년.

현대의 감각으로 비춰보면 익숙하지 않은 외국에 대한 강한 편견이 포함된 반응이지만, 이미 이때 벨기에 국왕 자리에 앉았던 숙부 레오폴드가 대립하던 네덜란드에 대한 적의를 불어넣었을 가능성도 있다. 아무튼 윌리엄 4세의 노림수는 빗나가 케임브리지 공의 아들 조지 쪽과도 잘되지 않았다.

이리하여 켄트 공 부인과 벨기에 왕 레오폴드가 준비한 진짜가 등장한다. 생일 축하 무도회 며칠 후, 어머니의 오빠인 작센 코부르크 공의 아들들, 에른스트와 앨버트 두 청년이 찾아왔다.

❖ 진짜 등장-코부르크 가문의 사촌들

에른스트는 페르디난트와 아우구스트(어머니의 오빠의 아들들)와 키가 비슷하고, 진한 색 머리카락과 눈동자, 눈썹이었지만 코와 입은 별로 좋지 않았다. 굉장히 상냥하고 정직하고, 지적인 표정에 스타일이 엄청나게 좋다. 앨버트는 에른스트와 신장은 비슷하지만, 더욱 듬직하고 엄청나게 핸섬하다. 머리카락은 나와 같은 색. 커다란 푸른 눈동자와 아름다운 코, 사랑스러운 입과 예쁜 치아를 가졌다. 하지만 그의 매력은 얼굴 표정인데, 굉장히 느낌이 좋다. 선량, 온화, 굉장히 현명하고 지적이라는 풍부한 성질을 동시에 겸비했다….

-빅토리아의 일기(1836년 5월 18일)

진지하지만 이야기를 좋아하고, 예술과 음악에 조예가 깊고, 지적인 깊이가 있는 면이 앨버트의 장점이었다. 일기의 내용을 보면, 그녀가 이미 형보다도 동생인 앨버트의 용모와 육체에 매료되었음이 드러나 있다. 그렇다고는 해도, 이때는 아직 어떤 발표가 나올 단계까지는 이르지 못했다.

당시의 영국 상류 계급에서는, 결혼 적령기의 젊은 딸을 둔 모친이라면 봄의 사교 시즌에 매일 밤마다 무도회나 만찬회를 열어 손님을 환대했고, 딸의 상대를 끌어들이려 하기 마련이었다. 빅토리아처럼 왕위를 계승할 것으로 추정되는 여성의 경우에도 그건 마찬가지였고, 켄트 공 부인이 여는 파티는 심야까지 이어졌다. 아이 방에서 막 해방된 빅토리아는 주역의 자리를 만끽했고, 새벽녘까지 기운 넘치게 춤을 추었다. 하지만 앨버트 쪽은 본국에서 일찍 자는 습관이 있었기 때문에 처음 체재했을 때는 컨디션이 무너져서 괴로워했다고 한다. 너무 몸이 약해서는 '여왕의 남편'의 책임을 맡을 수 없을지도 모른다. 게다가 그녀는 '영어 능력이 불안하다'며 숙부인 레오폴드에게 쓴 편지에서 밝히기도 했다.

그럼에도 그와 함께라면 행복해질 수 있으리라는 확신은 이미 있었다.

사랑하는 숙부님, 감사의 말씀을 드리게 해주세요. 숙부님께서 제게 주신 미래의 행복에 대해서요. 그 행복은 친애하는 앨버트라는 형태를 하고 있습니다. (중략) 그는 제가 바라는 한, 저를 행복하게 해줄 다양한 성질을 지녔습니다. 뛰어난 식견을 지녔고, 상냥하고, 너무나도 선량하고, 심지어 느낌도 좋은 사람입니다. 그 사람은 거기다 눈이 편안해지는 멋진 용모이기까지 합니다.

-레오폴드에게 보낸 편지(1836년 6월 7일)

레이스의 선두 주자는 정해져 있는 상태였으나, 결론은 3년 후까지 미뤄졌다.

❖ 결혼에 대한 망설임

> 그는 친구처럼, 사촌처럼, 형제처럼 좋아했지만, 그 이상은 아닌 건지도 모릅니다.
> -빅토리아가 레오폴드에게 보낸 편지(1839년 7월 15일)

1839년, 다시 앨버트와 그의 형이 방문하기 전에, 빅토리아에게는 망설임이 생긴 상태였다. 다음에 그를 만나면 진전될 것임은 분명하지만—.

잘 지내지 못하는 모친과 별거하기 위해서는 멜번이 말한 것처럼 '쇼킹한 해결법', 즉 결혼을 선택해야 하는 것일까. 달리 적당한 상대가 없다고 해서 소거법으로 선택해도 되는 걸까. 즉위한 지 2년이 지나, 자신의 의견을 지녔고, 자신의 방식으로 행동하는 여왕이라는 지위에 익숙해져버렸는데, 남편이 있는 생활을 하게 된다면 견딜 수 있을 것인가. '앞으로 2, 3년은 젊은 아가씨다운 생활을 즐긴 다음에 아내의 역할을 다한다'는 것도 괜찮지 않을까…. 그런 망설임을 그녀는 멜번 총리나 레오폴드 숙부에게 하나하나 밝혔다.

그렇다고는 해도, 계속 독신으로 지낼 생각은 없었다. 언젠가는 누

✤ 앨버트와 대비되도록 그려진 빅토리아의 초상. 홀린 듯이 그를 바라보고 있다. 브로키 그림. 1841년.

✤ 결혼 직후의 핸섬한 앨버트의 초상화. 찰스 브로키(Charles Brocky) 그림. 1841년.

군가를 남편으로 맞이하고, 일단 남편이 생기면 그를 내세우고, 그를 따라 정숙하게 살아간다. 19세기에 살던 여성의 그런 전형적인 가치관은, 소녀 시절부터 공들여 새겨져 의심할 여지가 없었다. 예를 들어 15세쯤에 교육의 일환으로서 과거의 여왕들의 생애를 정리했을 때, 빅토리아는 결혼하지 않고 일생을 마친 엘리자베스 1세에게 호된 평가를 내렸다. 엘리자베스는 왕으로서의 신체와 여성으로서의 신체를 제대로 하나로 만들지 '못했다'. 아니면 하려고도 하지 않았다. '통치자로서 위대했을지는 모르지만, 나쁜 여자였다'—즉, 왕으로서 나라에 번영을 가져왔지만 여성으로서의 삶은 실패였다고 단정한 것이다. 엘리자베스 1세와 자신을 비교하고, 처녀 왕의 전철을 밟지는 않겠다, 나라에 몸을 바칠 생각은 있지만 그건 그거고 사적인

❖ 빅토리아가 직접 그린 앨버트의 스케치. 1840년.

❖ 빅토리아가 직접 그린 멜번 자작의 스케치. 1839년경.

행복도 얻고 싶다는 그런 야심이 엿보인다.

실제로 여왕이 되어 오랫동안 통치하면서 10대 시절의 의견과는 달라졌을지도 모른다. 그렇다기보다 그해 10월에 앨버트와 재회한 순간, 모든 것이 극적으로 변해버리고 말았다.

7시 30분경, 계단 위에서 너무나 사랑하는 두 명의 사촌 에른스트와 앨버트를 맞이했다.—몰라볼 정도로 성장했고, 멋진 차림이었다. 앨버트를 보니 가슴이 터질 것 같았다. 너무 아름다워서. (중략) 나는 M 경(멜번)에게 "앨버트는 나를 좋아할까요?"라고 물었다. 그러자 M 경은 "그렇게 생각한다"고 대답했다(그런 식으로 말해주면 나로서는 큰 칭찬을 받은 것 같은 기분이 든다). M 경은 "아아! 그렇습니다, 틀림없어요"라고 말했다.

　'첫눈에 알았고말고요'

　-빅토리아의 일기(1839년 10월 10일)

　앨버트는 정말 차밍하고, 굉장히 핸섬하고, 무척이나 아름다운 푸른 눈동자와 섬세한 코, 너무나도 사랑스러운 입, 옅은 콧수염, 희미하게 구레나룻이 나 있다. 아름다운 체형에 어깨 폭은 넓고, 늘씬한 허리. 내 가슴은 고동쳤다…. (후략)

　-빅토리아의 일기(1839년 10월 11일)

　이젠 더 이상의 인용은 필요 없지 않을까. 그의 미모의 힘이 망설임이나 고뇌를 어딘가로 날려버린 것이다. 에른스트와 앨버트가 도착한 지 5일 후, 세간의 남녀들과는 반대로 군주인 빅토리아 쪽에서 앨버트에게 프러포즈했다.

❖ 앨버트의 수난

　앨버트는 11월 중반에 일단 코부르크로 돌아가 고향에 이별을 고한 후 다음 해 1월 말에 출국해 칼레에서 도버로 바다를 건너 영국으로 향했다. 그리고 1840년 2월 8일 오후, 버킹엄 궁전에 도착하자 '귀화'를 선언했다.

❀ 앨버트의 공식 초상화. 빈터할터는 훗날 유럽 각국의 왕실에서 인기를 끌었는데, 빅토리아 부부는 일찍부터 그의 후원자였다. 1842년.

❀ 빅토리아의 공식 초상화. 결혼할 때 앨버트에게 받은 사파이어 브로치를 달았다. 프란츠 빈터할터 그림. 1842년.

외국에서 온 여왕의 남편을 어떻게 다룰 것인지, 의회에서는 다양한 절차가 협의되었다. 귀화는 그렇다 쳐도, 영국 귀족의 칭호를 내릴 수 있을 것인가. 왕족, 귀족 중에서 그의 포지션은 어떻게 될 것인가. 독일의 작은 나라 군주의 차남에 불과한 그는 여왕과 결혼한 것만으로는 전 국왕의 동생보다 서열이 아래가 될지도 모른다. 애초

에 영국 군주가 겸하던 하노버 왕국의 왕위를 유럽과 영국의 왕위 계
승법 차이 때문에 여성인 빅토리아는 물려받지 못했고, 숙부인 컴벌
랜드 공이 이어받아 '왕'이 되었기 때문이다. 그래서 귀화 절차와 동
시에 '배우자로서의 왕(킹 콘소트)'의 지위와 칭호를 수여하는 것이 검

❀ 빅토리아의 왼손에 반지를 끼우는 앨버트. 의식 도중에 '반지 교환'을 한 것이 아니라,
앨버트의 반지는 버킹엄 궁전으로 돌아와 단둘이 된 후에 빅토리아가 주었다. 『일러스트
레이티드 런던 뉴스』 1887년 6월 13일.

토되었으나, 귀족원의 저항으로 거부되었다. 이 건은 여왕이 특별히 명령을 내려 일단 영국 국내만이라도 자신의 다음 지위를 부여하기로 결정한다. 또 앨버트의 연금은 앤 여왕(재위 1702~1714년)의 남편이나, 옛날 왕위 계승 예정자였던 샬럿 왕녀와 결혼했으나 즉위 전에 왕녀가 세상을 떠나 홀아비가 되었던 레오폴드 숙부에게 주어졌던 연 5만 파운드보다도 크게 줄어 연 3만 파운드로 결정되었다.

또 하나 문제가 되었던 것은 그의 신앙이었다. 영국 왕은 영국 국교회의 수장이며, 가톨릭 교도 상대와 결혼하면 왕위 계승권을 잃는 규정이 있다. 2013년 계승법이 개정될 때까지 이 규정은 살아 있었다. 앨버트는 프로테스턴트, 루터파의 신앙 속에서 자랐으며, 그 일도 빅토리아에게 설명했지만 의혹은 쉽게 풀리지 않았다.

사랑하는 남편에 대한 푸대접에 빅토리아는 격노했다. '불쌍한 앨버트, 그 사람들이 저 사랑스러운 천사에게 그런 잔혹한 짓을 하다니! 괴물 놈들! 너희 토리파에겐 벌을 내려줄 테다. 복수(Revenge), 복수(Revenge)다!'

격렬하게 '보수파(토리)'를 매도한 근본적 배경에는 정치적인 대립이 있었다. 앨버트는 빅토리아와 마찬가지로 어렸을 적부터 레오폴드 숙부의 가르침을 받았고, 결혼 직전에는 본대학에서 선진적인 학문도 배웠다. 그것은 당시 영국 상류 계급에서 힘을 지녔던 사상과는 어울리지 않았다. 『타임스』지도 앨버트가 젊고 급진적이라는 것을 공격 목표로 삼고, 더욱 '건전하고 신중한 사상'을 지닌 원숙한 어른 남자가 여왕에 어울린다며 야유했다.

앞길에 드리운 암운처럼 그날 아침은 차가운 비와 바람이 닥쳐와

날씨가 굉장히 나빴다. 하지만 시간이 지나면서 비가 개고, 햇빛이 내리쬐기 시작했다. 크리스토퍼 히버트의 전기에 의하면, 이처럼 중요한 행사가 있는 날에 한해서는 신기하게도 날씨가 개는 일이 그녀의 인생에서 자주 일어났기 때문에, '여왕의 쾌청(Queen's Weather)'이라는 관용구가 생겼다고 한다.

이 장 첫 부분에서 인용했던 메모를 보낸 후, 예식에 앞서 빅토리아는 '가장 사랑하는 신랑님'을 직접 만나러 갔다. 전야 이후 예식까지의 사이에, 신랑과 신부가 얼굴을 맞대는 것은 재수 없다는 미신에 반하는 행동이었다.

1840년 2월 10일, 빅토리아와 앨버트는 세인트 제임스 궁전의 왕실 예배당에서 결혼식을 올렸다.

❖ 하얀 웨딩드레스와 허니문

빅토리아의 드레스는 흰 새틴(Satin)에 폭이 넓은 레이스와 오렌지 꽃 장식을 곁들였고, 머리에도 오렌지 꽃으로 만든 리스를 달고 레이스 베일을 썼다. 국내 산업의 진흥을 위해 천은 런던의 스피탈필드(Spitalfield)제를 썼고, 레이스는 데본셔의 허니턴(Honiton) 부근의 비어라는 마을에서 200명의 여성들이 만들었다. 앨버트는 붉은 재킷으로 된 육군 원수 군복에 가터 훈장(The Most Noble Order of the Garter, 영국 최고 권위의 훈장. '가터'는 양말이나 스타킹이 흘러내리지 않게 잡아주는

✤ 세인트 제임스 궁전에서 거행된 빅토리아와 앨버트의 결혼식. 조지 헤이터 그림. 1840~42년.

가터벨트의 그 가터를 말한다-역주)을 달았다.

12명의 브라이즈메이드(Bridesmaid, 신부 들러리) 역시 흰색 드레스에 흰색 장미 장식을 달았다. 왕궁에서 일했던 리틀턴 경 부인은 그녀들을 보고 '화려한 색의 옷에 보석을 단 참가자들에게 둘러싸이니 마을 아가씨 같다'고 코멘트했다.

대관식 때와 마찬가지로, 보검(Sword of State)을 받쳐 들고 걷는 것은 멜번 총리의 역할이 되었다. 이미 세상을 떠난 부친 대신 신부를 인도하는 역할은 아버지의 동생인 서섹스 공 오거스터스가 맡았다.

선서를 하고 신랑이 반지를 끼워줬을 때, 신부는 몹시 감격했다.

　결혼 등록서에 서명을 마친 젊은 커플은 밖으로 나가 모여 있던 군중들의 환호를 받으며 버킹엄 궁전으로 돌아갔다. 그 후 세인트 제임스 궁전에서는 밤에 대대적인 결혼 '축하연(Banquet)'이 열렸다. 본인들이 돌아간 버킹엄 궁전 쪽에서는 좀 더 사적인 '결혼 피로연(Wedding Breakfast)'이 열렸다. 'Breakfast'라는 이름은 과거의 전통이

✤ 빅토리아의 웨딩 드레스 자락을 든 브라이즈메이드 중 9명. 다른 3명을 포함한 전원이 백작 이상의 귀족 집안에서 태어나 레이디의 칭호를 지닌, 당시 미혼이던 아가씨들이었다. 『V.R.I.』 1901년.

남은 것으로, 조식회가 아니라 개시 시간은 오후 2시경. 참가자는 9명의 친척과 캔터베리 대주교, 런던 주교, 멜번 총리와 6명의 관료들, 여왕의 왕실 여관과 시종, 로열 패밀리 일행과 코부르크 공가문 일행 등의 멤버였다.

또 세인트 제임스 궁전의 결혼식에 참가했던 보수당의 귀족 의원은 거우 5명뿐이었다고 한다. 오래 알고 지냈던 리버풀 백작이나 장로 웰링턴 공조차 친지들의 피로연 쪽에는 초대받지 못했다. 이것이 그녀 스타일의 '복수!'였던 걸까.

✽ 빅토리아의 부케에 사용된 오렌지 꽃. 오렌지는 수많은 꽃과 열매를 맺기 때문에, 풍요와 다산을 상징해 신부에게 어울린다고 여겨졌다.

아무튼 신랑·신부는 버킹엄 궁전의 피로연에 잠시 모습을 보인 후, 윈저성으로 허니문을 떠났다. 기간은 거우 3일, 그것도 단둘만의 밀월이라고 하기 어려웠는데, 2일째와 3일째 밤에는 손님들을 초대해 성대한 만찬회가 열렸다.

하지만 빅토리아는 그때 분명히 행복했다.

결혼도 2일째. 그의 사랑과 상냥함은 모든 것을 초월하고, 사랑스럽고 부드러운 뺨에 키스하거나 내 입술을 그의 입술에 포갤 때는 마치 천국인 것처럼 행복하다. 지금까지 느껴본 적이

없는, 이 세상의 것 같지 않은 순수한 느낌. 아아! 나처럼 큰 은혜를 받은 여성이 있을까.

　-빅토리아의 일기(1840년 2월 12일)

　가장 사랑하는 앨버트가 양말을 신겨주었다. 그의 방에 들어가, 그가 수염을 깎는 것을 보았다. 난 굉장히 기뻤다.

　-빅토리아의 일기(1840년 2월 13일)

❖ 3m짜리 케이크와 100개의 케이크

피로연에 등장했던 '여왕의 웨딩 케이크'는 무게가 300파운드(약 140kg), 직경 3야드(약 2.7m), 높이는 9피트(약 2.7m)나 되었다. 겉은 아이싱(케이크에 장식용으로 쓰는 설탕 크림-역주)으로 굳혔으며, 거기에 다양한 설탕 장식품으로 장식되어 있었다. 정상에는 영국의 상징인 브리타니아 여신이 서 있으며, 손을 맞잡고 결혼 맹세를 하는 빅토리아와 앨버트를 내려다보고 있다. 케이크 위에는 부부애와 순결을 나타내는 멧비둘기, 불변의 충실함을 나타내는 개, 그리고 큐피드 같은 상징들이 줄지어 둘러싸고 있으며, 두 사람의 머릿글자인 V와 A도 장식돼 있었다. 연회의 중심에 자리했던 이런 케이크의 역할은 입보다는 눈을 즐겁게 하고, 의미를 읽어낼 수 있는 것, 설탕으로 만들어진 장식품 조각이어야 하는 것이었다.

❖ 브라이즈메이드의 드레스를 빅토리아가 직접 생각해 여관장에게 넘겨준 스케치. 복장 전반에 대해 그녀는 최신 유행보다 고전풍의 세련되지 않은 것들을 좋아했으며, 패션 세계에서는 혹평을 받기 일쑤였다고 한다.

✽ 여신과 천사와 비둘기와 개가 두 사람의 맹세를 지켜보는 빅토리아를 위한 웨딩 케이크

웨딩 케이크는 오래 보존할 수 있는 것으로, 잘라서 이니셜과 날짜가 적힌 은색 상자와 종이상자에 넣어 기념품으로 멀리 있는 친구나 지인, 친척, 외교 상대에게 보냈다. 이 습관은 영국에서는 현재도 행해지는 것이다. 주역인 케이크를 만든 것은 버킹엄 궁전에 근무하는 과자 장인(Confectioner) 존 모디트였다. 하지만 영국 여왕의 교우 관계와 친척을 커버하기 위해서는 이 크기로도 턱없이 부족했다. 그 외에 런던의 버클리 스퀘어에 있던 과자점 '군터'에 14개의 훌륭한 케이크를 주문했고, 다른 가게에도 크고 작은 다양한 종류의 케이크

✤ 잘라서 우편으로 보내진 웨딩 케이크 조각. 상자와 봉투도 그대로 기념품으로 보존되었다. 『V.R.I.』 1901년.

를 만들게 해 모두 합치면 100여 개에 달했다.

또 당시 일반적으로 상류 계급 가정에서 셰프나 상급의 개인 하인을 고용할 때는 다른 집에서 경험을 쌓은 사람을 소개해주는 것이 일반적인 루트였는데, 과자 장인을 사적인 하인으로 고용할 수 있는 것은 대귀족이나 큰 부자의 컨트리 하우스 정도가 아니면 쉽지 않았다. 그래서 궁전에서 과자 장인을 채용할 때는 군터를 시작으로 하는 유명한 과자점에서 실력이 좋은 장인을 찾아서 선발하는 일도 자주 있었다고 한다.

다음 장에서는 화려한 결혼 후의 그녀의 사생활과 그 무대—즉 빅토리아의 궁전과 가정에 대해 알아보도록 하자.

아이들을 위한 교훈 이야기를 애독했다

소녀 시대의 빅토리아는 소설을 거의 읽지 않았다. 그렇다기보다 모친이 허용하지 않았다. 켄트 공 부인이 본보기로 삼았던 당시의 교육서에는 너무 아슬아슬하고 두근거리는 그런 이야기는 아이들에게는 자극이 너무 강해서 교육상 좋지 않은 것으로 여겼고, '플롯은 필요 없다'고까지 말했기 때문이다. 왕녀 빅토리아가 특히 애독했던 것은 머라이어 엣지워스(Maria Edgeworth)라는 여성 작가의 글로, 허영심이나 욕망을 훈계하고, 도덕과 신앙심을 높이는, 아이들을 위한 교훈 이야기로 널리 알려져 있다.

그녀가 혐오했던 어머니의 회계관 조지 콘로이도 생일 때는 아이들용으로 마일드하게 번안된 셰익스피어 이야기의 책을 보냈다. 그

❉ 소녀 시대의 빅토리아는 그림을 그리거나 이야기를 생각하는 것 등을 좋아했다. 『소년·소녀를 위한 빅토리아 여왕의 생애(The Life of Queen Victoria for Boys and Girls)』에 첨부되었던 앨런 라이트의 삽화. 1910년.

외에도 제임스 페니모어 쿠퍼(James Fenimore Cooper)의 『브라보(The Bravo)』, 에드워드 불워리턴(Edward Bulwer-Lytton)의 『고돌핀(Godolphin)』 등 성인 독자용으로 다소 무섭고 자극적이거나, 연인끼리의 로맨틱한 장면이 나오지 않는 것도 아닌 소설도 모친이 보내 조금은 읽었다. 하지만 즉위가 다가온 16, 7세경에 몇 번이고 되풀이해 읽었던 것은 역시 머라이어 엣지워스의 교훈 이야기였다고 한다.

성인이 되면 소설 해금?

빅토리아가 여왕이 되고 1년 반 정도 경과한 1838년 12월 말, 빅토리아는 소설의 매력에 빠져 있었다. 『유진 아람(Eugene Aram)』, 『픽윅 클럽 여행기(The Pickwick Papers)』, 『니컬러스 니클비(Nicholas Nickleby)』 등의 제목이 단기간에 계속해서 일기에 등장하며, '너무 재미있다' 등의 말이 적혀 있다. 어머니인 켄트 공 부인은 여전히 마음에 들지 않았던 모양이지만, 자립한 여왕 폐하에게 더는 간섭할 수 없었던 것이다.

찰스 디킨스(Charles John Huffam Dickens)의 『올리버 트위스트(The Adventures of Oliver Twist)』도 이 시기에 월간지에 연재 중이었다. 고아 소년이 런던의 뒷골목 사회에서 험난한 운명에 농락당하는 내용으로 세간에서 인기가 높았고, 빅토리아는 이 소설에 대해 멜번과 자주 대화를 나누었다. 하지만 그는 빈민이나 악한만 나오고 속어가

✤ 박스석에서 오페라를 감상하는 빅토리아와 앨버트. 『일러스트 레이티드 런던 뉴스』 1887년 6월 13일.

많은 문체가 저속하다면서 "좋아하지 않는다"고 단언했다. "도덕 향상에 도움이 될 것 같진 않군요. 인간이라는 것을 너무 사악하게 다루는 점이 마음에 들지 않습니다". 빅토리아는 열심히 '올리버를 옹호'했지만, 헛수고로 끝났다. 멜번은 "그런 자들은 피하고 싶군요. 실제로 만나고 싶지도 않고, 소재로 삼지 않았으면 좋겠습니다"라고 말했다.

이런 유행하는 소설에 관한 대화 속에서 멜번 총리의 빈곤과 격차에 대한 사고방식을 알 수 있는데, 그녀는 과연 그걸 눈치 챘을까.

19세기 중반의 인기 소설

그 후에도 빅토리아는 세간에서 화제가 된 유행 소설은 가끔 주문해서 읽었다. 장녀인 비키가 막 결혼했던 1858년, 제인 오스틴(Jane Austin)의 『노생거 사원(Northanger Abbey)』(1817)에 이어 샬럿 브론테(Charlotte Bronte)의 『제인 에어(Jane Eyre)』(1847)를 앨버트와 함께 읽었다. 그리고 딸이 추천한 윌키 콜린스(William Wilkie Collins)의 『흰 옷을 입은 여인(Woman in White)』(1860)도 읽었다.

무대 예술에 관해서도 오페라나 발레는 소녀 시절부터 좋아해서 보러 다녔는데, 고상하고 어려운 내용의 작품보다 대규모의 세트를 설치하고 성대하게 감정을 자극하는 '스펙터클'한 '멜로 드라마'가 그녀의 취향이었다고 한다. 서커스의 맹수조련사나 P. T. 바넘(Phineas Taylor Barnum)의 흥행물이었던 '엄지 장군 톰(General Tom Thumb)'도 굉장히 좋아했다. 문학 세계에서도 수수께끼나 쇼크가 적당히 들어간 고딕한 느낌의 선정적인 소설이 취향에 맞았을지도 모른다.

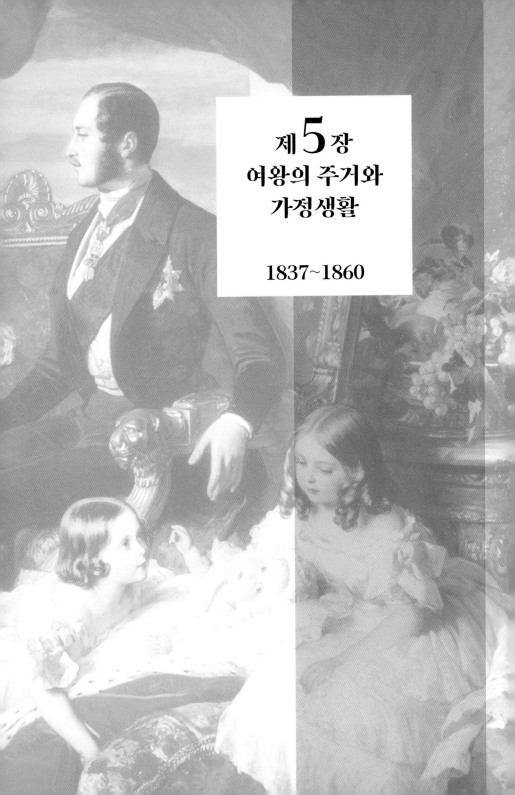

제 5 장
여왕의 주거와
가정생활

1837~1860

✛ 버킹엄 궁전의 당당한 대계단. 궁전을 찾아온 손님은 먼저 이 계단에 압도된다. 소녀 잡지 「걸즈 오운 페이퍼(Girl's Own Paper)」 증간호 「빅토리아의 영관」 1887년

❖ 켄싱턴 궁전, 버킹엄 궁전,
그리고 세인트 제임스 궁전

정말로 정말로, 내일 모레, 버킹엄 궁전으로 이사합니다. 이사가 기쁜 건 분명하지만, 초라하고 낡아빠진, 태어난 장소(켄싱턴 궁전)를 영원히 떠나는 게 아쉽게 느껴지는 것도 사실입니다.

-빅토리아가 레오폴드에게 보낸 편지(1837년 7월 11일)

❀ 정원에서 연못 너머로
바라본 버킹엄 궁전. 『빅토
리아의 영관』 1887년.

❀ 버킹엄과 비교하면 굉장히 수수한 외관의 켄싱턴 궁
전. 왕녀 시절 빅토리아 일가와 그 딸들 등 군주 본인 이
외의 왕가 가족이 방과 코티지를 받아 사용해왔다. 현재
도 엘리자베스 2세의 아들과 손주들이 가족과 살고 있다.

때는 여왕 즉위 직후, 1837년 여름으로 거슬러 올라간다. 영국에
서 최고의 지위에 도달한 빅토리아가 가장 먼저 결정한 것 중 하나는
온실 속의 화초처럼 소녀 시절을 보냈던 켄싱턴 궁전을 뒤로하고, 버
킹엄 궁전으로 신속하게 이사하는 것이었다. 자신의 방 맞은편에 의
상 담당의 방을 두고, 전 가정교사이자 비공식 상담역인 레첸이 사는
방은 바로 옆. 나중에는 문 하나만 열면 직접 왕래가 가능하도록 만
들었다. 한편 사이가 좋지 않았던 모친의 방은 멀리 떨어진 곳으로
몰아냈다.

버킹엄 궁전은 3대 전인 조지 3세가 구입해 그다음 조지 4세 때 존
내시의 설계로 공사가 시작되었다. 하지만 조지 4세도, 그다음인 윌

❀ 빅토리아가 즉위하고 얼마 지나지 않아 세인트 제임스 궁전에서 열린 '왕궁으로의 소개(코트 프레젠테이션)' 행사. 다른 이름으로 '여왕의 응접실' 상류 계급의 어린 여성(데뷔턴트)이 빅토리아 여왕의 손을 잡고 인사함으로써 사교계에 데뷔하게 된다.

리엄 4세도 결국은 그곳에서 살지 못했고, 거성(居城)으로 결정한 군주는 빅토리아가 최초가 되었다.

이 궁전은 런던의 서쪽, 하이드 파크와 그린 파크가 교차하는 곳에 세워져 있다. 해외에서 요인을 초대해 성대한 만찬회를 여는 장소로, 21세기인 지금도 현역으로 사용된다. 그렇다고는 해도 역대 군주들이 계속 이곳에 체재했던 것은 아니다. 계절마다, 이벤트마다 몇 개나 있는 다른 궁전과 관(館)들을 이동하며 생활했다.

버킹엄 궁전에서 약간 북쪽으로 올라간 곳에는 세인트 제임스 궁전도 있다. 이쪽은 16세기에 헨리 8세가 세운 붉은 벽돌 궁전으로, 이전에는 왕가의 거주지로 쓰였으나 빅토리아의 치세 이후에는 거의 의식용이나 왕궁의 사무실로만 사용되게 되었다. 부속 왕실용 예배당에서는 결혼식이나 세례식 등 왕가의 사람들에게 인생의 전환점이 되는 중요한 행사가 열렸다. 또 상류 계급 남성이나 새로 임명된 군 장관들이 군주를 배알하는 '접견회(Levee)'는 이 세인트 제임스 궁전에서 하는 것이 관례였다. 한편으로는 여성을 여왕에게 소개하는 행사는 '여왕의 응접실(Queen's Drawing Room)'이라 불렸다. 어린 영애나 상류 계급의 신혼 부인이 소개자와 함께 궁내부 장관이 발표하는 규정에 맞는 정장 차림으로 세인트 제임스 궁전으로 찾아왔다.

빅토리아 시대에 상류 사회에서 두각을 나타내고 싶다는 야심을 지닌 여성들에게 여왕의 응접실에 가는 것은 '사교계에 데뷔했다'는 증표가 되었다. 세상이 풍요로워지면서 성공을 목표로 하는 알현 희망자 숫자가 늘어나자, 세인트 제임스 궁전은 좁았기 때문에 '여왕의 응접실' 기능은 버킹엄 궁전으로 옮겨가게 되었다.

그건 그렇고—기대에 부풀었던 18세의 빅토리아가 낡은 궁전을 나와 이사한 곳의 궁전 역시 실은 번쩍번쩍한 완성품과는 거리가 먼 상태였다.

❖ '불결'하고 '악취'로 가득한 무대 뒤

궁내부 장관부서 C. S. 에디슨으로부터

삼림건축위원회 비서님
아룁니다.—궁내부 장관님의 지시에 따라 버킹엄 궁전의 이하 업무를 가급적 신속히 수행할 것을 삼림건축위원회에 재촉해주시기 바랍니다.
수도관을 즉각 공사해 개통시키고, 침실 플로어에 하우스 메이드의 업무가 원활해질 수 있는 장소에 싱크를 설치한다.
픽처 갤러리 실내에서 끈으로 개폐할 수 있는 지붕창을 달고, 거주할 시종과 시녀가 환기를 조절할 수 있도록 한다.
출창이 있는 방도 마찬가지로, 창을 열거나 무슨 방법으로 환기할 수 있도록 한다.
삼림건축위원회의 창고를 키친에서 가정부 장관의 건물로 이전한다.
-(1837년 8월 3일)

⚜ 궁전 중심부의 거대한 픽처 갤러리에 왕궁 무도회의 초대 손님이 모여 있는 모습. 창의 개수 공사는 무사히 끝났을까.『일러스트레이티드 런던 뉴스』 1848년 7월 8일.

빅토리아가 이사한 지 약 3주일 후, 왕궁의 사무를 도맡게 된 궁내부 장관의 부서에서 궁전 등의 건물 개수를 담당하는 삼림건축위원회에 이러한 재촉 메시지를 보냈다. 침실 층에 수도가 연결되지 않았다, 창은 열리지 않고 환기구가 부족하다 등의 내용을 볼 때 쾌적하게 살기 위한 기본적인 기능이 불완전했음을 알 수 있다.

1837년 가을, 빅토리아가 몇 주일 자리를 비우게 되었을 때, 삼림건축위원회의 위원 벤저민 스티븐슨은 버킹엄 궁전을 점검했다. 그러자 특히 키친은 심각한 상태였음이 판명되었다. 벽 가에는 썩은 부엌 쓰레기와 요리사의 배설물이 쌓여 있었고, 바닥에서는 하수가 새어 나와 '모든 것이 심하게 불결하고 악취가 났다'.

빅토리아가 돌아왔을 때, 그녀는 가구와 실내장식을 바꾼 궁전의 방에 완전히 만족했다. 아무래도 자신이 거의 가지 않는 궁전의 뒤쪽이 어떻게 되어 있는지는 전혀 몰랐거나, 설령 느꼈다 해도 보고도 못 본 척했던 건지도 모른다.

키친과 하수도, 환기 문제는 그 후에도 쉽게 해소되지 않은 정도가 아니라, 개선을 위한 공사조차 제대로 되지 않는 일이 속출했다. 예를 들어 1843년에는 여왕의 침실 옆에 수세식 화장실을 만드는 공사가 계획되었으나, 설계를 확인하자 건물의 벽에 구멍을 뚫어 밖으로 내보낸 파이프의 하수가 어째서인지 여왕의 탈의실 창밖으로 배출된 것이 발각되어 전면적으로 계획을 변경할 수밖에 없었다. 1847년에는 키친이 '덥고, 건강에 안 좋고, 모든 것이 부적당하다'고 보고되었다.

궁전의 거주 환경이 끝까지 정돈되지 않은 것은 건물 자체의 문제임과 동시에, 사람의 매니지먼트 문제이다. 전체의 구조를 바로잡기 전에는 개선을 바랄 수 없다.

❖ 레첸과 멜번의 퇴장

1840년, 여왕의 남편으로 왕실에 들어온 앨버트 공에게는 집 안의 일상사가 잘 돌아가지 않는 이유는 항상 루이즈 레첸 때문이었다.

그녀는 빅토리아가 신뢰하는 독일인 전 가정교사로, 즉위한 후에도 공식 직함은 아무것도 없었지만 왕실 내의 운영에 대해 실질적으로 최고의 권력을 쥐고 있었다. 육아실의 관리부터 물품 구입 사인에 이르기까지, 수많은 일들이 그녀에게 맡겨져 있었다.

레첸의 취급이 바뀌게 된 계기 중 하나가 된 것이 '보이 존스 사건'이다. 이것은 1840년 연말에 존스라는 이름의 16세 소년이 버킹엄 궁전으로 침입해 여왕의 탈의실 바로 옆 방 소파 밑에서 잠들어 있는 것을 레첸이 발견했다는 사건이었다. 이 소년은 이전에도 불법 침입을 했으며, 심지어는 다음 해 3월 세 번째 침입에도 성공했다가 발각돼 체포된다. 이 침입 사건 이후 왕실의 체제가 재검토되어 최종적으로 레첸은 1842년 800파운드의 연금을 받고 은퇴하게 된다. 육아실 책임자는 리틀턴 경 부인 세라가, 비서 일의 일부는 의상 담당인 메리앤 스켈렛이 이어받았다.

레첸은 영국을 떠나 독일로 돌아갔지만, 그 후에도 계속 친밀하게 빅토리아와 편지를 주고받았다. 여왕이 유럽으로 여행을 갔을 때는 몇 번인가 재회하기도 했다. 하지만 앨버트의 존재감이 늘어감에 따라, 빅토리아의 인생에서 조금씩 모습을 감추게 되었다.

마찬가지로, 옛날 아버지처럼 의지했던 멜번 자작의 존재감도 완전히 희미해지고 있었다. 1841년에 총리를 사임한 후에도 개인적으로 빅토리아와의 교류는 계속되었는데, 1842년 병으로 쓰러진 후에는 거의 은퇴 상태가 된다. 만년에는 빚 때문에 괴로운 생활을 했다고 한다. 모니카 샬럿이 쓴 빅토리아의 전기에 의하면, 그는 최고의 영예인 가터 훈장을 타진받았음에도 "블루 리본을 받으려면 100

✤ 1855년 프랑스 황제 나폴레옹 3세에게 빅토리아가 가터 훈장을 수여한다. 중요한 외국 군주, 혈연이 있는 왕족, 특단의 공적을 올린 신하에게만 주어지는 훈장이다. 로버트 윌슨 『빅토리아 여왕의 생애와 시대』 제2권. 1897년경.

파운드가 든다"며 경제적인 곤경을 이유로 거절했다고 한다. 의식에 임하는 전용 의상을 준비하고, 최고위 훈장에 어울리는 생활을 보내는 것은 이미 불가능하다고 생각했던 것이 아닐까.

빅토리아는 옛날의 중신인 멜번에게 최후까지 충실했다. 연금을 줄 수 없는지 정부에 문의하기도 하고(토지 자산을 소유했다는 것을 이유로 거절당했다), 여왕 개인의 지갑을 열어 원조하려고 하기도 했다. 하지만 1848년 11월 24일 그가 세상을 떠났다는 이야기를 들은 그녀는 고귀함, 상냥함, 관대함 등 인격적으로 아름다운 점을 들면서도 '총리로서는 약했다'며 냉정한 평가를 내렸다.

빅토리아는 18세 때 멜번의 비호 아래 여왕으로서의 첫걸음을 내디뎠다. 하지만 그녀는 지금은 성장해 독립했고, 다른 교사—앨버트 곁에서 식견을 넓히고 있었다.

❖ 앨버트의 왕궁 개혁

앨버트는 비효율적이기 그지없는 왕궁의 개혁에 열심히 착수했다. '부적당'한 설비는 개선 공사를 재촉했다. 명령 계통을 정리하고, 궁전마다 '감사관'을 상주시켜 하인들을 다스리는 '가정 사무관(Master of the Household)'의 권한을 강화한다. 특정 포지션의 하인과 중간 관리직이 오랫동안 얻어왔던 '부수입'도 폐지했다. 예를 들면 불도 켜지 않았던 양초를 의미도 없이 교환한 다음 판매해서 수입을 얻거

❖ 앨버트의 꼼꼼한 계획하에 1840년대 버킹엄 궁전의 대규모 공사가 실시되었으며, 거주 구역과 파티용 방이 모두 확충되었다. 새로 만든 무도실. 루이스 헤이그가 그린 수채화. 1856년.

나, 존재하지 않는 인원에 대한 위로용 와인 구입비를 청구하는 등의 이전부터 있어왔던 관행을 폐지시켰다. 기득 이익을 거둬들이면 반발이 일어나는 것은 당연한 일로, 여왕의 신랑은 신하들과 하인 태반에게 굉장히 미움을 받았다. 하지만 1840년대 이후 앨버트가 집 안을 다스리게 된 이후로 왕실 비용의 수지는 극적으로 개선되었다고한다. '불결하고 악취'로 가득했던 버킹엄 궁전의 키친도 1851년까지대규모 공사가 완료되었고, 환경은 약간 향상되었다. 사전에 계획해메인 주방 사이즈를 크게 다시 만들었고, 무도실과 파티용 방 간의위치 관계를 재검토해 사용하기 편리하게 만들었으며, 환기를 개선했다. 중앙 난방과 가스 조명도 도입되었다. 새로운 키친에는 뜨거운 물이 나오는 보일러와 자동으로 회전하는 기계식 직화 구이 오븐도 준비되어 있었다.

 하지만 그럼에도 환경이란 계속해서 낡아가는 것이므로, 1853년
에는 빨리도 '약간 어둡고 음울하다', '환기 개선이 필요하다' 등의 보
고서가 날아왔다. 개혁이란 끝이 없었던 것이다.

❖ 윈저성과 출산의 고뇌

 윈저 마을은 런던 중심부에서 약 35km 정도 서쪽으로 나아간 템
스강 근처에 있다. 여기에 왕가의 성이 만들어진 것은 11세기, '노르
만 정복왕' 윌리엄 1세 때였다고 한다.

 버킹엄 궁전이 주로 공식 행사를 위해 쓰였던 것에 비해, 윈저성은
옛날 '3일간의 허니문'의 땅으로 선택되었던 것만 봐도 알 수 있듯이
빅토리아 여왕 일가가 '가정생활을 보내는 장소'로 여겨졌다. 윈저에

✿ 템스강 건너편에 라
운드 타워가 우뚝 서 있
는 윈저성. 『빅토리아의
영관』 1887년

서도 해외 요인을 맞이하는 일은 많았고, 공식 행사도 치러지긴 했지만 구별해 사용되었다. 앨버트는 런던 중심부의 화려한 사교생활보다 적당히 떨어진 윈저성에서 보내는 조용한 생활을 좋아했다.

2월 윈저성에서의 허니문으로부터 1개월 후, 빨리도 임신이 판명되어 빅토리아는 1840년 11월에 장녀를 출산한다. 그 후에도 몇 년간은 거의 매년처럼 임신과 출산을 반복했으며, 1857년 막내인 베아트리스가 태어날 때까지 아이를 9명이나 낳았다.

🌼 가터 훈장의 푸른 리본을 가슴에 달고 앉은 여왕 부부. 빅토리아가 보는 사람에게 소개하듯이 가까이 앉은 어린아이가 미래의 왕 앨버트 에드워드(바터). 그림 앞쪽의 다른 아이들은 왼쪽부터 앨프리드(아피), 앨리스, 갓난아기인 헬레나, 장녀 빅토리아(바티). 이 시대의 상류 계급의 관습으로는 4세 정도까지는 남자아이도 스커트를 입었다. 『1846년의 로열 패밀리』 프란츠 빈터할터 그림.

⚜『1846년의 로열 패밀리』는 세인트 제임스 궁전에서 일반 공개되었으며, 10만 명이 넘는 감상자를 불러모았다. 『일러스트레이티드 런던 뉴스』. 1847년 5월 8일.

이렇게까지 빠르게, 틈을 두지 않고, 많은 아이를 낳을 생각은 없었고, 임신 및 출산과 그 후의 정신적인 우울함은 싫어하는 것이었다. 훗날 딸에게 보내는 편지에서, 아이를 낳을 때의 육체적인 괴로움이나 자유를 빼앗기는 것에 대해 '기혼 여성의 멍에(소 등을 묶어두는 목줄, 속박을 말함)', '똥을 핀으로 고정해둔 것 같은', '신혼 생활의 그림자 같은 부분' 등으로 표현했다.

19세기 전반에는 의료 기술 수준은 현재와 달랐고, 아직 세균이나 바이러스의 존재나 감염 경로도 제대로 이해하지 못한 상태였다. 출산과 함께 생기는 감염증, 산욕열로 산모와 아이가 목숨을 잃는 일도 많았고, 태어난 후에도 유아기의 사망률은 높았다. 하지만 빅토리아의 아이들은 모두 성인이 되어 결혼할 때까지는 살아남았다. 많은 인원으로 구성된 왕궁 직속 의료팀이 사력을 다하기도 했고, 빅토리아 자신의 강인함과 강운(强運)도 하나의 요인이었을 것이다. 그녀는 최신 의료의 도움을 받는 것을 싫어하지 않았으며, 아래 두 아이를 출산할 때는 클로로포름을 이용한 무통분만을 실시했다.

다만 빅토리아는 혈우병 유전자가 있었다. 이 병은 여성을 통해 유전되며 남자만 발병한다. 빅토리아의 여덟째인 레오폴드는 빨리도 혈우병 진단을 받았고, 30세라는 젊은 나이에 세상을 떠났다. 딸들은 유럽 각지로 시집갔는데, 그 자식들이나 자손 남자들에게도 발병을 볼 수 있었다. 3녀인 앨리스의 딸 알릭스(알리키)는 러시아 황제 니콜라이 2세와 결혼했는데, 황태자 알렉세이도 혈우병으로 고생했다. 프로이센과 스페인 왕가에도 혈우병이 유전되고 말았다.

❖ 빅토리아의 아이들

빅토리아와 아이들의 관계는 복잡한데, 시기에 따라, 연령에 따라, 그녀 자신의 상태와 기분에 따라 변화해 간단히 말로 표현할 수 없다. 생후 얼마 되지 않은 갓난아이는 '개구리 같다'면서 귀엽게 생각하지 않기도 했다. 아이보다 남편의 존재가 훨씬 컸고, 그와 단둘이 마음껏 시간을 보내고 싶다는 감정을 드러내기도 했다. 프로이센으로 시집 간 장녀 비키에게는 막대한 양의 어드바이스를 하는 편지를 보냈는데, 답장이 적다는 이유로 더욱 몰아붙였고, 다 자라 가정을 지닌 딸과 아들이 자신을 최우선으로 해주지 않는다고 느끼면 쓸쓸해했다.

켄트 공 부인은 빅토리아를 모유로 키웠는데, 빅토리아는 유모(Wet Nurse)를 고용해 직접 모유를 주지 않았다. 갓 태어난 아이는 하루에 몇 번 유모가 데려와 면회했다. 성장 단계에 따라 아침이나 점

❖ 빈터할터가 다양한 시기에 그린 빅토리아의 아이들의 초상화. 왼쪽부터 오른쪽 아래로 비키, 앨리스, 아피, 렌헨, 버티, 루이즈, 아서, 레오폴드, 베이비.

빅토리아의 아이들

1 빅토리아(비키)	1840~1901	6 루이즈	1848~1939
2 앨버트 에드워드(버티)	1841~1910	7 아서	1850~1942
3 앨리스	1843~1878	8 레오폴드	1853~1884
4 앨프리드(아피)	1844~1900	9 베아트리스(베이비)	1857~1944
5 헬레나(렌헨)	1846~1923		

✤ (오른쪽) 왼쪽부터 버티, 렌헨, 비키(뒤), 앨리스(앞), 아피, 갓난아기 루이즈. 아기를 안은 이는 왕실 아이들 방을 맡아 일하던 너스 미세스 서스턴. 1848년 5월.

✤ (왼쪽) 루이즈와 너스메이드 일라이저 콜린스. '여관'이라면 귀족이나 그에 준하는 신분이며, 초상화로 그려질 기회도 나름대로 있지만 무명 노동자로 취급되기 일쑤인 왕실의 여성 가사하인이 그려진 그림은 드물다. 빈터할터 그림. 1850년.

심 식사를 같이했고, 육아실 담당 여관에게 보고를 받았지만 식사 예절 교육이나 돌보는 일은 보모나 가정교사에게 일임했다. 현대의 감각으로는 아이와 접하는 시간이 너무 짧은 것 같지만, 당시 영국에서는 왕실에 국한되지 않고 상류 계급에서도 지극히 일반적인 육아 방식이었다. 또 빅토리아보다도 앨버트 쪽이 아들이나 딸의 세세한 교육 계획에 더욱 열심이었다.

빅토리아의 가족이 평범한 귀족 집안과 다른 점이 있었다면, 독일의 영향을 강하게 받았다는 점인지도 모른다. 유·소년 시기부터 필요할 때 이외에는 영어를 썼고, 영국 여왕으로서 국민에게 받아들여

❀ 마음에 든 아이 아서를 안은 빅토리아. 와이트섬의 오즈본 하우스에서. 빈터할터 그림. 1850년.

지도록 영국 문화를 뼛속까지 새기며 자란 빅토리아였으나, 앨버트가 결혼하면서 가져온 독일 풍습은 적극적으로 실행했다.

크리스마스트리가 바로 그 전형일 것이다.

❖ 윈저의 크리스마스트리

영국에서 최초로 크리스마스트리를 장식했던 것은 앨버트가 아니다. 영국 왕실의 멤버에 한해 말하자면, 조지 3세의 왕비 샬럿이 1800년대 초기에 윈저성 정원에 이티 나무를 세워 장식했던 것을 최초로 친다. 샬럿 왕비는 독일 북부 메클렌부르크(Mecklenburg) 출신이었다. 마이닝엔(Meiningen)에서 시집온 윌리엄 4세 왕비 아델레이드도 트리를 장식한 기록이 있다. 빅토리아 자신 또한 아마도 어머니 켄트 공 부인의 영향을 받아 어렸을 때 크리스마스트리를 본 기록이 남아 있다.

　그렇다고는 해도, 설령 제1호가 아니라 해도 당시에는 아직 소수

✤ 1850년 윈저성의 크리스마스트리. 바닥에는 선물이 놓여 있었으며, 양초가 켜져 있었다. 그림도 선물의 일부일 것이다. 제임스 로버츠의 수채화.

였던 독일에서 온 이민 가정에서만 장식했던 크리스마스트리를 일반 영국인에게까지 널리 유행시킨 것은 앨버트였다. 응접실의 샹들리에를 치우고, 독일에서 가져온 나무를 설치해 리본과 장식 띠, 사탕 과자로 장식했다. 또 앨버트는 크리스마스 시기가 되면 영국 안의 학교나 군 막사 등에 크리스마스트리를 위한 나무를 보내 고향의 문화를 퍼뜨렸다고 한다.

빅토리아도 아이들과 함께 특히 남편의 반응을 즐겼던 모양이다.

크리스마스를 나는 항상 사랑스럽고 행복한 시기라 생각한다. 앨버트도 물론 고향에서 더욱 행복하고 즐거운 시간을 보냈을 텐데, 내가 어렸을 때와는 분명히 크게 다를 것이다. 이 축복으로 가득한 축제를, 내 최고로 행복한 날들과 연결할 수

윈저성의 크리스마스트리 이 목판화로 말미암아 트리를 장식하는 습관이 영국에 퍼졌다고 한다 『일러스트레이티드 런던 뉴스』 1848년 크리스마스 특집호

있다는 것이 기쁘다. 이 크리스마스트리 향기가 멋진 추억이
된다. 생각해보면, 벌써 아이가 둘이나 생겼고, 그중 한 명은
빨리도 즐거운 듯이 트리를 바라본다.—마치 꿈만 같다.
　-빅토리아의 일기(1841년 12월 24일)

　빅토리아로서는, 태어나고 자란 토지를 떠나 맨 몸으로 이국으로
와준 사랑스러운 남편이 고향과 비슷한 환경에서 지낼 수 있게 해주
고 싶다는 마음도 있었을 것이다.

❖『소년·소녀를 위한 빅토리아 여왕의 생애(The Life of Queen Victoria for Boys and Girls)』에서 볼 수 있는 여왕 일가의 최초의 크리스마스트리. 장식도 선물도 꽤 간소하게 묘사되어 있는데, 서민 독자의 현실에 가깝게 하고 싶었기 때문인 걸까. 앨런 라이트 그림. 1910년.

트리 아래에는 선물을 놓는다. 왕실에서는 크리스마스이브에 가족부터 시작해서 하인과 각 방면으로 선물을 나누어주었다.

❖ 크리스마스 선물과 음식

일기의 기술로 보아 크리스마스이브의 스케줄은 꽤 바빴던 모양이다. 우선 아침 식사 때 어린아이들은 하나씩 자신의 선물을 전용 방의 테이블에서 가져와 풀어보는 것이 허용된다. 예배를 하러 가고, 돌아온 후에는 개인에게 딸린 하인에게 선물을 주고, 점심을 먹고, 그 후 영지에 고용한 노동자들에게도 선물을 주었다.

> 하인 홀에 내려가자, 노동자와 그의 아내를 위한 트리가 있었다. 여성들은 울 원단을, 남성들은 고기와 푸딩과 케이크를 받았다.
> -빅토리아의 일기(1866년 12월 24일)

저녁 6시가 되면 크리스마스트리의 양초에 불을 켜고, 가족끼리 선물을 교환한다. 그 후 저녁을 먹었다.

여왕 부부는 크리스마스만이 아니라 생일이나 결혼기념일, 아이들이 탄생했거나 세례식 등 중요한 날마다 직접 디자인한 액세서리나 상대에게 비밀로 화가에게 의뢰해 만든 자신의 초상화, 귀여워하

⚜ 거대한 도요새 파이와 불을 붙인 멧돼지 머리를 몇 사람이나 되는 풋맨이 짊어지고 키친에서 식탁으로 옮긴다. 1857년.

는 반려동물의 그림, 아이들의 작은 초상화 등을 보냈다.

크리스마스 만찬의 메인은 25일이다. 예를 들어 1855년 12월 25일에 30명이 참가한 크리스마스 디너는 다음과 같았다.

수프와 생선요리(가자미와 튀긴 혀가자미로, 평소와 별다를 것 없는 메뉴)

속을 채운 칠면조와 향신료를 넣어 채운 돼지 창자(치폴라타)

잉어 요리(윈저의 대정원에서 낚은 것. 독일의 크리스마스 요리)

치코리를 곁들인 램촙(새끼 양의 갈비살로 만든 요리-역주)

푸아그라(거위 간을 포도주 등으로 조려서 식힌 것-역주) 파이

뇌조 요리

사슴고기 요리

아스파라거스를 곁들인 치킨

민스미트 파이

여왕 일가의 크리스마스 디너의 메인 요리는 보통 칠면조 구이였다. 하지만 이건 서민들은 쉽게 구할 수 없는 고급 식재료였다. 디킨스의 『크리스마스 캐럴』에 묘사된 가난한 사무원 크래칫 일가처럼 크리스마스에는 거위라도 대신 내놓는 것이 최선이었다.

✤ 앨버트의 24세 생일 때 빅토리아가 보낸 초상화. 머리를 풀고 어깨를 드러낸 친밀한 모습을 남편은 굉장히 마음에 들어 했다고 한다(아내의 말에 의하면). 빈터할터 그림. 1843년.

여왕 일가의 크리스마스 디너에 빼놓을 수 없는 요리는 거대한 '도요새 파이'였다. 이것은 아일랜드 총독이 매년 보내주도록 되어 있었다고 한다. 파이와 함께 사이드보드 위에서 존재감을 발휘하던 요리는 '멧돼지 머리 통구이'로, 훗날 빅토리아는 이것에 코부르크의 셰프가 고안한 독일풍 소스를 뿌린 것을 앨버트가 좋아했다고 회상했다.

❖ 여왕이 자랑하는 '십이야 케이크'

크리스마스가 마무리되면서 등장하는 것은 '십이야 케이크 (Twelfth Night Cake)'였다. 영국에서는 25일 크리스마스부터 헤아려

서 12일 후에 해당하는 1월 6일까지를 축제 기간으로 삼는다. 이 12일째의 밤을 축복하는 케이크가 '십이야 케이크'다. 드라이 푸르츠를 잔뜩 쌓은 케이크를 설탕으로 코팅한 것이다. 건조시킨 강낭콩과 완두콩을 넣어 굽고, 자른 단면에 콩이 들어 있는 사람이 그날의 왕과 여왕 역을 맡는 풍습도 있었다. 이 풍습은 19세기에는 상업적으로 발전해 종이에 인쇄된 인형 세트 등을 잘라 뽑기를 해서 뽑은 역할을 맡는 놀이 방법도 유행했다고 한다. 하지만 진짜 여왕이 있는 곳에서 그런 놀이를 했는지 여부는 알 수 없다.

빅토리아는 왕궁의 과자 장인이 만든 십이야 케이크의 장식이 굉장히 자랑스러웠던 모양이라 몇 번인가 일기에 언급하기도 했는데, 예를 들어 1892년에는 '수렵 장면을 표현한 십이야 케이크가 응접실에 전시되었다'라고 적었다.

이전 장에서 본 웨딩 케이크와 마찬가지로, 이러한 크리스마스 케이크도 외부의 과자점에 대량으로 주문해 친척이나 친구에게 보냈다.

1860년까지 일가가 크리스마스를 보내는 장소라면 윈저성이었다. 1861년, 가장 사랑하는 남편을 먼저 떠나보내는 불행한 일이 빅토리아를 덮쳤다. 그 이후 그녀는 연말연시 축제 시즌을 '가장 행복한 날들'인 크리스마스의 추억과 너무나도 강하게 연관이 있는 윈저성이 아니라, 와이트섬의 오즈본 하우스에서 보내게 되었다.

그렇다고는 해도, 그 오즈본 하우스도 앨버트의 기억과는 떼려야 뗄 수 없는 장소였다. 그가 설계에 깊이 관여했고, 거의 완전히 다시 만든 집이었던 것이다.

❖ 해변의 저택, 오즈본 하우스

1844년, 이미 4명의 아이의 부모였던 빅토리아와 앨버트는 조용한 가정생활을 보낼 수 있는 장소를 찾고 있었다. 버킹엄 궁전에는 아이 방을 만들 공간이 충분하지 않았고, 윈저의 설비는 정돈되지 않았으며, 해안 피서지에 있었던 로열 파빌리온은 동양 취향의 장식이 마

❀ 와이트섬의 오즈본 하우스. 『여왕이자 여제였던 빅토리아의 이야기 아내, 어머니, 여왕』 1897년경.

음에 들지 않은 데다 주변 주민들이 훔쳐볼 위험이 항상 존재했다. 이런 이유로 여러 곳 중 뽑힌 것이 이전에도 머물렀던 적이 있는 와이트섬이었다. 잉글랜드 남부의 소렌토해와 접해 있으며, 포츠머스에서 배로 건너간다.

　1845년 레이디 이저벨라 브래치포드에게 토지와 저택을 함께 구입했다. 당시의 총리 로버트 필이 매수 교섭에 임했으며, 비용 일부는 로열 파빌리온을 매각해 충당했다. 앨버트는 건축가인 토머스 큐빗과 공동으로 외관 디자인부터 방 분할, 실내장식에 쓰이는 소재까지 선택했으며, 원래 있던 작은 저택을 이탈리아 양식의 당당한 이궁으

행복한 신혼 시절의 여왕 부부의 그림. 사냥을 하고 돌아온 앨버트와 빅토리아가 서로 바라보며 애견들이 둘러싸고 있고, 약간 거리를 두고 사랑스러운 모습의 비키도 있다 에드윈 랜시어 「당세의 윈저성」 1840년대 전반

로 변모시켰다. 산업 기술의 발전에 깊은 관심이 있던 그는 버킹엄 궁전과 윈저성의 설비가 시대에 너무 뒤처진 것에 화가 단단히 났던 모양이라, 오즈본 하우스에는 1840년대 당시의 최신 기술이 잔뜩 투입되게 되었다. 실내 화장실이나 전용 욕실이 아직 없던 집도 많았던 시기에 수세식 화장실이 설치되고, 벽과

❋ 빅토리아가 사용한 수욕(水浴) 기계. 안에 들어가서 옷을 갈아입고, 기계를 움직여 바닷속까지 운반하며, 딱 좋은 깊이에서 멈춰 계단을 내려가 바다로 들어간다. 안에는 화장실까지 있다.

마루에는 온수 파이프를 통한 난방 장치, 욕실에는 수도꼭지가 달린 욕조까지 마련되었다.

새로운 건물에는 1846년경부터 입주할 수 있게 되었다. 다음 해 여름, 빅토리아는 처음으로 해수욕을 체험했다.

메이드를 거느리고 비치까지 마차로 내려가 수욕 기계(Bathing Machine)에 올라탔다. 그 안에서 나는 상의를 벗고, 바다에 잠겼다(인생 최초의 일이었다). 무척이나 친절한 수욕 담당 여성이 함께해주었다. 기분이 좋다고 생각하긴 했지만, 그것도 머리가 물 밑으로 들어가기 전까지의 일이었다. 빠져 죽는 줄 알았다.

-빅토리아의 일기(1847년 8월 1일)

19세기의 수욕복(Bathing Suits)은 두꺼운 천으로 만들어져 있었으며, 피부 노출도 적고 신체의 선도 드러나지 않는, 현대에 비하면 꽤나 얌전한 것이었다. 하지만 당시의 도덕관에 비추어봤을 때, 여성이 쓸데없이 타인의 시선을 모으는 일 없이 직접 물에 들어갈 수 있는 수욕 기계는 편리한 것이었다.

✢ 중류 가정의 사모님처럼

오즈본 하우스의 여왕의 개인실은 아담하고 귀엽게 만들어졌다. 작은 꽃무늬 천을 많이 사용했으며, 작은 초상화와 판화, 자질구레한 도구류를 늘어놓아 호화로운 왕실이라기보다는 중류 가정의 인테리어를 연상케 한다. 1849년 7월, 빅토리아는 오즈본의 상쾌한 하늘과

❀ 오즈본 하우스의 여왕 탈의실. 카페트와 커튼, 인테리어 장식 전부, 벽에 걸린 회화의 대부분을 앨버트가 선택했다. 제임스 로버츠의 수채화. 1851년.

바다를 즐기면서 스케치 연습, 앨버트와의 승마, 아이들과 딸기를 수확했던 일 등을 1849년 여름의 일기에 기록했다.

그녀는 의무를 짊어진 영국 여왕이 아니라 남편과 아이들과 함께 이름 없는 지방 지주의 아내 같은 생활을 보내는 기쁨에 빠져 있었다.

1853년에는 아이들을 위해 조립식 오두막을 수입했고, '스위스 코티지'라는 이름을 붙여 놀이와 교육의 터로 삼았다. 왕자와 왕녀는 어린이 사이즈 도구가 있고 불도 사용할 수 있는 미니어처 키친에서 요리를 배웠으며, 각각의 이니셜이 들어간 정원 손질 도구로 밭을 돌보았다. 이렇게 팬케이크 등 간단한 요리를 만들어 부모님을 다과회에 초대해 대접하기도 했다.

스위스 코티지와 비슷한 시기에 또 하나의 '집'을 만드는 공사가 시작되었다.

❖ 여왕의 아이들만을 위해 만들어진 작은 집인 스위스 코티지. 앞쪽에는 밭이 있고, 남자 아이 둘이 작업을 하고 있다. W. L. 리치가 그린 수채화. 1855년.

❖ 하일랜드에 대한 동경

레오폴드 숙부님

여기(윈저성)로 돌아와버린 걸 아직도 받아들일 수가 없고, 사랑스러운 하일랜드가 그립습니다.

그 언덕, 신선한 공기, 조용함, 사람들의 마을과 떨어진 환경, 자유—모든 것이 훌륭했어요.

-빅토리아의 편지(1844년 10월 8일)

빅토리아와 앨버트는 1842년 초가을에 처음으로 스코틀랜드로 여행을 떠났고, 그 인상은 두 사람의 가슴에 깊이 새겨졌다. 두 번째로 방문한 것은 1844년으로, 아솔 공작(Duke of Atholl) 가문이 소유한 저택 블레어성에 체재했으며, 사람의 손이 닿지 않은 자연에 둘러싸인 불편하면서도 조용한 삶이 더더욱 마음에 들었다. 앨버트는 사슴 사냥을 했고, 빅토리아는 스케치를 즐겼다.

한편 그 무렵인 1848년의 유럽 대륙에서는 낡은 체제에 대한 민중의 항의 운동이 점점 더 격렬해졌으며, 각국에서 일련의 혁명이 일어났다. 빅토리아는 프랑스의 왕위에서 쫓겨나 탈출한 루이 필립 일족을 받아들인다. 당시의 프랑스 왕가와는 서로 방문하며 가족 단위로 교류를 쌓아오기도 했기에, 빅토리아는 동정했고 레오폴드 숙부가 가진 집이었던 클레어몬트 저택을 빌려 사적으로 원조했다.

❀ 요리를 배우는 왕녀 비키와 앨리스. 가르쳐주는 사람으로 그려져 있는 것은 코티지 관리인의 아내 원 부인일 것이다. 앨런 라이트 그림 『소년·소녀를 위한 빅토리아 여왕의 생애』 1910년.

왕제에 대한 항의라는 형태를 취한 민중 혁명의 움직임은 영국 여왕 빅토리아에게도 바다 건너의 남 일이 아니었다. 아일랜드에서는 몇 년 전부터 감자 기근이 심각해져 수많은 사람들이 고통받고 있었으며, 잉글랜드에서도 선거 제도의 개혁을 바라는 차티스트(Chartist, 노동자의 정치적 권리, 특히 선거권 획득을 위해 싸웠던 운동가-역주) 운동이 기세를 올리고 있었다. 런던에서 격렬한 항의 활동이 일어날 것이라는 예측이 있었고, 여왕 일가는 4월에 존 러셀 총리의 요청으로 일시적으로 오즈본으로 피난했다.

이때의 집회는 소규모로 끝났으며, 영국에서는 결국 '혁명'이 사회를 극적으로 바꿀 정도의 힘을 지니지는 못했다. 그럼에도 여왕도 불온한 공기는 민감하게 파악했고, 그 때문에 외부와 단절된 가족의

❋ 스코틀랜드의 밸모럴성 근처에 있는 로크나가산을 오르는 여왕 일가. 선두에는 말을 탄 앨버트, 앨리스, 아피가, 중앙에는 빅토리아가 가고 있다. 그 뒤를 비키와 버티가 여관 메어리 바르틸과 함께 오르고 있다. 칼 허그가 그린 수채화. 1853년.

공간을 원하는 마음을 한층 더 갖게 된 건지도 모른다. 빅토리아와 앨버트는 이해 이후로 스코틀랜드 북부의 밸모럴성을 빌려 여름과 가을을 보내게 된다.

어린아이 하나 없는 경치를 보는 건 좋은 것이다. 목소리조차 들리지 않는다. 바람소리와 멧닭의 울음소리 외에는.
-빅토리아의 일기(1848년 8월 10일)

신선한 공기와 환경 외에도 빅토리아의 마음을 강하게 사로잡은 것은 스코틀랜드의 풍속과 사람이었다. 아이들과 자기 자신을 위해 민족의상인 타탄(Tartan)의 격자무늬를 배열한 드레스를 만들게 했

❋ 정식으로 구입해 다시 세운 후의 새로운 밸모럴성. 지역의 건축가인 윌리엄 스미스와 앨버트가 공동으로 설계했으며, 1853년부터 56년까지에 걸쳐 매년 체재해 사용하면서 조금씩 건축했다. 스코티시 바로니얼 양식이 채용되었다. 『빅토리아의 영관』 1887년.

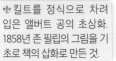
❀ 킬트를 정식으로 차려
입은 앨버트 공의 초상화.
1858년 존 필립의 그림을 기
초로 책의 삽화로 만든 것

❀ 킬트를 입은 아피(왼쪽)와 버티(오른쪽).
윌리엄 로스 그림. 1847년.

고, 앨버트는 정찬 때 스튜어트 왕가 무늬가 들어간 킬트를 입었다.
백파이프 반주를 들으며 정찬을 즐겼으며, 그 지역의 방언과 댄스를
배웠다. 훗날 1870년대, 빅토리아는 영국 국교회의 장이면서 스코틀
랜드 장로파 지역 교회의 성찬식에까지 출석해 물의를 빚기도 했다.

그 후 수십 년 동안 그녀의 인생에 강한 영향을 미치게 되는 스코
틀랜드인 하인, 존 브라운의 이름이 처음으로 일기에 등장한 것은
1849년 9월 2일이었다.

1852년, 특이한 생활을 하며 거액의 재산을 모은 인색한 존 캄덴 닐
드라는 인물이 여왕에게 2만 파운드 상당의 유산을 보냈다. 빅토리
아와 앨버트는 그중 일부를 사용해 밸모럴의 토지와 건물을 구입하

✤ 신축된 밸모럴성의 응접실. 커튼, 소파, 카펫에도 타탄이 쓰여 여왕 부부가 얼마나 열중했는지 엿볼 수 있다. 여관 중 한 명은 "눈에 쾌적하다고 말하기는 어렵다"고 평가했다. 제임스 로버츠 그림. 1857년.

고, 오즈본 때와 마찬가지로 몇 년에 걸쳐 대규모로 개축했다. 이렇게 '사랑스러운 하일랜드'의 은신처는 명실상부한 그녀의 것이 된다.

자신에게 기쁜 일이 있으면 몇 번이고 솔직하게 '최고로 행복하다'라며 일기에 적는 빅토리아지만, 1840년대부터 50년대 전반에 걸친 시기는 객관적으로 봐도 정말로 그녀 인생의 절정이었을지도 모른다. 그 누구의 방해도 받지 않는, 사랑하는 '집'을 두 개나 손에 넣었으며, 고민이나 권태는 있었지만 충실한 가정생활을 보냈다. 공적 생활도 어려움과 보람을 느낄 법한 국면이 계속되었다. 그것은 영국의 번영기와도 겹친다.

의상 담당과 의상 담당 메이드

개인 저택과 왕궁의 하인은 비슷한 일을 하면서도 조금씩 일의 영역이 다르거나, 다르게 부르는 경우가 있다. 그 대표적인 것이 의상과 관련된 일이다. 개인의 집에서는 여주인의 드레스나 머리 묶기, 장신구를 담당하는 개인에 딸린 하인은 시녀(Lady's Maid)라고 불렀다. 여왕의 왕궁에서는 그 일은 몇 명의 의상 담당(Dresser), 의상 담당 메이드(Wardrobe Maid)로 구별하게 되었다. 1866년에 만들어진 각서로 그녀들의 일을 재구성해보자.

의상 담당은 여왕의 의상, 숄, 장신구, 기타 그녀가 몸에 다는 것들 전체에 책임을 진다. 조금이라도 의심스러운 상태인 것이 있다면 바로 여왕에게 보고한다. 의상 담당 메이드를 돌보며, 그가 하는 일을 감독하고, 건강 상태에도 신경을 쓴다.

의상 담당 메이드는 의상 담당의 명령을 따르며, 일을 준비하고 다리미질이나 의상 담당의 일 일부를 돕는다.

의상 담당은 여왕이 벗은 것들을 전부 즉시 체크하고, 수선이 필요한 것이 없는지 확인한다. 보닛(Bonnet, 여성용 차양이 달린 모자-역주), 장갑, 실내모, 외투 등을 여왕이 몸에 두르기 전에 전부 확인한다. 아침에 입실하기 전에 탈의실이 '모두 올바른 상태로 되어 있는가'를 확인한다.

아침 7시 30분, 의상 담당 메이드가 셔터를 열고 여왕을 깨운다. 환복을 마치고 여왕을 조식으로 배웅한 후에는, 의상 스태프들이 탈

✤ 버킹엄 궁전의 여왕 탈의실. 여기서 의상 담당과 메이드가 붙어서 여왕이 옷을 갈아입거나 몸치장, 세안 등을 하는 것을 도왔다. 조명이 충실하지 않았던 당시의 화장대는 자연광으로 세부를 보기 때문에 항상 창 옆에 설치됐다.

✤ 런던의 귀족원에서 의회 개회 연설을 준비하는 여왕. 의상 담당이 둘 투입되어 가장 격식 높은 의상인 의회용 붉은 로브를 입히고 있다. 『일러스트레이티드 런던 뉴스』 1849년 2월 3일.

의실을 정리한다.

　여왕을 시중들 일이 없는 시간대에는 여왕의 의상실(Queen's Wardrobe)에서 수선이나 다림질, 의상 세탁 등을 하면서 대기한다. 이 의상실은 불리는 이름과는 다르게 옷이 보관된 창고가 아니라 의상 담당 하인들이 사용하는 거실 겸 작업실이었다. 오즈본 하우스에서는 여왕의 거실 데스크에 설치된 버튼과 의상실 벨이 연결되어, 볼일이 있으면 언제든지 대기 중인 스태프를 호출할 수 있게 되어 있었다.

의상 담당의 휴가와 오후의 일

오후 3시부터 4시 사이에 의상 담당 스태프들이 저녁을 먹었다. 그녀들은 격일제로 산책을 나갈 수 있었으며, 그 이외의 시간에도 요청하면 휴가를 얻는 것이 일단은 가능했다.

1850년대에 의상 담당 일을 했던 프리다 아널드(Frieda Arnold)의 서간집 『나의 여주인으로서의 여왕(My Mistress the Queen: Letters of Frieda Arnold, Dresser to Queen Victoria)』(베니타 스토니[Benita Stoney], 하인리히 C. 웰첸[Heinrich C. Weltzein] 편집, 1994)에 의하면, 그녀는 여왕

❋ 의상 담당 프리다 아널드는 남독일의 바덴에서 태어나 프랑스의 재봉학교에서 공부한 후 영국으로 넘어왔다. 동향 친구 소개로 1854년에 연봉 120파운드의 조건으로 여왕 직속으로 고용되었다. 1860년경의 사진. 『나의 여주인으로서의 여왕』에서.

일가가 여름 동안 오즈본에 체재하다 9월 중순에 밸모럴로 떠날 때 자신은 데려가지 않아 그대로 2주일 머물렀다. 이걸 연차 휴가로 삼아 프리다는 해변 관광과 피크닉을 즐겼다고 한다. 마을에서 멀리 떨어진 밸모럴에서는 여왕이 공들여서 드레스를 갈아입는 사교 행사 기회도 적었기에 의상 담당 인원수를 줄여도 대처가 가능했기 때문이다.

자, 오후에 마차나 도보로 외출했던 여왕이 돌아오면, 겉에 신은 구두를 벗기고 실크 구두와 스타킹으로 갈아 신도록 한다. 그리고 의상

실 스태프는 오후 8시까지 다시 탈의실을 정리하고, 정찬을 위한 드레스를 준비했다. 손이나 얼굴을 씻을 뜨거운 물은 엘더 플라워로 향기를 내고, 눈을 씻기 위해서는 캐모마일 티를 준비했다. 작은 스펀지에는 화장수(Eau de Cologne)로 희미하게 향기가 나게 해두었다.

여왕을 정찬을 하는 곳으로 배웅한 후에는 다시 방을 정리하고, 드레스를 벗길 준비를 해둔다. 몸치장을 위한 물품, 양초, 종이, 그리고 책과 램프를 늘어두었다.

의상 담당의 하루의 마지막 일은 모든 문이 잘 잠겼는지 확인하는 것이었다.

잘 때까지 옆방에

스태프의 침실은 윈저성에는 의상실에서 몇 층 위에 배치되어 있었다. 하지만 여왕은 의상 담당 메이드 중 한 명을 항상 자신의 침실 옆에서 대기하게 했다고 한다. 프로이센의 왕자 프리드리히 빌헬름(프리츠)과 막 결혼한 딸 비키에게도 그렇게 하라고 추천했다.

하인 중 한 명을 반드시 옆방 소파에서 자게 하세요. 나는 반드시 그렇게 하고 있습니다. 아무도 곁에 없으면 건강에 안 좋으니까요. (당신도 나와 마찬가지로, 인생에서 한 번도 혼자서 잤던 적이 없습니다. 밤에는 불안하고 [첫 아이를 임신했고, 남편 프리츠가 집을 비운]

⚜ 국내 산업 지대를 순행할 때 코벤트리 부근의 컨트리 하우스에서 빅토리아가 묵었던 침실. 의상 담당 또는 메이드가 짐을 풀고 있다. 당시 사교계의 에티켓에서는 오전이나 오후, 외출복, 정찬과 무도회 등 장면별로 갈아입어야 하는 옷이 많았다. 여왕의 여행 짐은 막대해졌을 것이다. 『일러스트레이티드 런던 뉴스』. 1858년 7월 3일.

지금은 더더욱 그렇겠지요.) 별거 아닌 소리도, 약간의 불안도 지금 당신에게는 몸에 독이 됩니다. 밤중에 뭔가 필요해졌을 때 바로 구하지 못하면 곤란하겠죠. 나는 메이드를 항상 옆방에서 자게 했습니다.—아빠가 나와 같이 있을 때도 그랬지요.

-비키에게 보낸 편지(1858년 6월 11일)

만약 '그녀의 메이드'였다면 고생이 끊이지 않았을 것임을 엿볼 수 있는 기술이다. 의상 담당이나 의상 담당 메이드의 매일의 업무는,

국가의 최중요 인물인 여왕의 프라이버시에 깊이 관여되기 때문에, 구체적인 기술은 거의 남아 있지 않다.—그렇다기보다 일기를 쓰는 것도, 편지로 비밀을 누설하는 것도 아마도 용납되지 않았을 것이다. 전술했던 프리다 아널드의 편지도 여왕이 자리를 비운 동안 들은 일들을 가족에게 알리는 무난한 내용이 많았으며, 여왕이 뭘 했다는 기술은 적다(편찬해서 책으로 만들 때 삭제된 건지도 모른다).

신뢰를 얻은 의상 담당 중에는 몸 상태가 나빠져 어쩔 수 없이 그만두게 되거나, 근무 중에 병으로 쓰러져 그대로 세상을 떠난 사람도 많았다. 여왕의 변덕스러운 기분을 맞춰주고, 아침에 일찍 일어나 잠들 때까지 계속 같이 있어야 하는 의상 담당은 문자 기록에 남아 있는 것 이상으로 정신적인 부담을 심하게 느꼈을 것이다.

제6장
만국박람회와 전쟁

1851~1858

❖ 제1회 런던 만국박람회의 '승리'

트럼펫 소리와 함께 건물로 들어갔을 때의 그 커다란 감동을 난 잊지 않을 것이다. (중략) 앨버트가 비키(장녀 빅토리아)와 손을 잡고 날 이끌며 걸었다. 버티(왕세자 앨버트 에드워드)는 내 손을 잡았다. 계단과 의자가 마련된 (나는 앉지 않았지만) 중앙부로 향해 나아가자 그 전면에는 아름다운 수정 분수(Crystal Fountain)가 보여서 마법처럼 인상적이었다. 성대한 환호성. 다들 기뻐하는 표정을 띠고 있었다. 거대한 건물. 장식과 전시물. 오르간 소리(200점의 악기와 600명의 합창단이 있었는데, 모습은 보이지 않았다). 나의 사랑하는 남편이 이 위대한 '평화의 제전'을 창조했고, 지상의 모든 나라의 산업과 예술을 결합했다. 모든 것이 정말로 감동적이었다. 이 하루는 영원불멸의 것이 되겠지. 신이시여, 축복을 내려주세요. 나의 가장 사랑하는 앨버트와 오늘 저렇게 위대함을 발휘한 사랑하는 나라에―.

-빅토리아의 일기(1851년 5월 1일)

1851년 5월 1일, 런던의 하이드 파크에 강철과 유리로 된 거대한 건조물이 출현했다. 그것은 제1회 런던 만국박람회 회장으로, 수정궁(Crystal Palace)이라는 애칭으로 불렸다. 길이 563m, 폭 124m.

햇빛을 받아 유리가 반짝반짝 빛나는 모습이 빅토리아는 무척이나 마음에 들었다. 고전적인 건축의 아름다움과는 동떨어진 디자인이라고 혹평하는 사람도 있었다. 하지만 수정궁은 단순히 미를 추구

'빅토리아 여왕에 의한 1851년 5월 1일 대박람회 개회식' 여왕 부부와 두 아이를 중심으로 요인들이 좌우를 둘러싸고 단상 왼쪽의 캔터베리 대주교가 박람회에 축복을 내리는 장면. 헨리 코트니 셀 그림. 1851~52년.

한 예술적인 건축이 아니다. 여왕이 기록한 것처럼 '모든 나라의' '산업과 예술을 결합한' '평화의 제전'이라는 것이 실행위원장으로 취임한 앨버트가 추구한 이상이었다. 수정궁은 그의 의상을 나타내는 그릇이어야만 했다.

전면 유리로 이루어진 외관은 참신했으며, 설계 사상도 획기적이었다. 유리판과 속이 빈 철골을 사용해 튼튼함과 배수, 저비용을 실현했으며, 공장에서 만든 부재를 현장에서 조립하는 요즘의 프리패브(Prefab, 조립식) 공법을 이용해 공사 기간을 단축했다. 기간 한정 이

✤ 약 8m 정도 높이의 유리제 '수정 분수'. 수정궁의 2개의 긴 건물이 교차하는 중앙부에 세워 만남의 장소로 애용되었다. 『일러스트레이티드 런던 뉴스』 1851년 5월 24일.

벤트가 종료되면 즉시 해체·철거할 수 있다. 설계자는 정원사였다가 독학으로 출세한 조지프 팩스턴(Sir Joseph Paxton) 경. 19세기의 '진보'와 '효율'의 가치를 축복하는 것만 같은 건물이었다.

런던 만국박람회의 정식 명칭은 '만국 산업 제작품 대박람회'. 즉 공업 기술과 제품의 견본 시장이었다. 기획이 움직이기 시작한 시점에서는 국내 산업만 대상으로 할 예정이었으나, 도중에 방침을 바꾸어 '만국'에 참가를 요청했다는 점이 새로웠다. 수많은 나라가 기술의 진보를 서로 보여주며 인류의 진보 상태를 확인하고, 우호적으로 경쟁해 국제 평화를 목표로 한다는 것이 제목이었으나, 영국 산업계의 본심은 자국의 우위를 세계에 보여주는 것이 목적이었을 것이다.

1851년의 수정궁은 5월 1일부터 10월 15일까지의 반년이 채 안 되

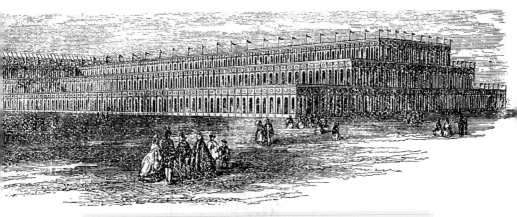

✤ 하이드 파크의 수정궁 전경. 『여왕이자 여제였던 빅토리아의 이야기 아내, 어머니, 여왕』 1897년경.

는 사이에 600만 명이 넘는 사람이 방문했다. 마쓰무라 마사이에(松村昌家)의『수정궁 이야기(水晶宮物語)』(2000)에 의하면, 정기권(Season Ticket)은 남성이 3기니(3파운드 3실링), 여성이 2기니(2파운드 2실링). 일반 입장 요금은 개회식 직후의 1파운드부터 몇 단계의 가격 인하를 거쳐 최종적으로는 금·토요일은 2실링 6펜스가 되었다. 그리고 5월 마지막 주 이후에는 월~목요일 주간 4일은 1실링으로 내렸다. 일요일은 휴관이었다. 요일에 따른 요금 차이는 입장자의 계층과 취향 차이가 되어 나타났다. 주말에는 높은 입장료를 문제 삼지 않는 중류 계급의 가족들이 실내장식품을 감상했고, 평일의 '실링 데이'에는 지방에서 철도로 찾아온 노동자와 서민들이 공업 기계나 알갱이가 큰 보석 '코이누르(Koh-i-Noor)' 앞에 모여들었다.

빅토리아 자신도 왕자나 왕녀를 데리고 수없이 수정궁을 재방문했다. 1851년 5월에만 12회나 방문했다고 한다. 몇 번을 가도 질리

✤ 수정궁 건설 현장을 시찰하는 앨버트. 마차로 옮겨온 나무통에 담긴 맥주를 나눠줘 노동자를 기쁘게 했다. 『일러스트레이티드 런던 뉴스』 1850년 12월 14일.

✤ 수정궁을 설계한 조지프 팩스턴. 데본셔 공작의 정원사 우두머리로, 대저택 채츠워스(Chatsworth)의 유리 대온실을 만들어 주목을 받았다. 1851년 5월 3일.

지 않았다면, 보고 싶었던 것은 전시품 자체보다는 회장의 분위기와 모여든 사람들의 모습이었던 건지도 모른다. 수많은 계층의 사람들이 모였고, 제각각 즐기는 그런 모습에서 여왕은 남편의 이상이 결실을 맺는 순간을 본 건지도 모른다.

눈앞에서 일어났던 일 전부와 사랑하는 사람의 성공이 자랑스럽다. 가장 사랑하는 앨버트의 이름은 영원불멸의 것이 되었고, 지금까지 '자칭' 상류인이나 너무나도 야만적인 보호무역주의자들이 건드렸던 온갖 위험하다는 풍문은 사라지게 되었다. 그렇기에 모든 것이 잘된 것, 사고도 차질도 없이 끝난 것이 2중으로 기쁘다.

　-빅토리아의 일기(1851년 5월 1일)

❖ 옛날부터 야외 작업복이었던 스목(Smock) 차림 그대로 만국박람회를 구경하러 온 농업 종사자 무리. 1851년 7월 19일.

앨버트가 박람회 실행위원장에 취임하고 개회될 때까지 약 1년 동안은 의회나 신문에서 비판을 받고, 만화로 풍자되고, 자칭 상류인과 야만스러운 반대파의 저지를 계속해서 받았던 고난의 길이었다. 빅토리아가 감격했다 해도 무리는 아니다.

박람회는 호평 속에 종료되었으며, 경비를 제외하고 18만 파운드 정도의 수익을 남겼다. 이 자금을 기반으로, 사우스 켄싱턴의 토지 일대를 구입해 박람회에 출품되었던 전시물을 수장한 박물관과 연구·교육시설 등이 집중적으로 건설되었다. 현재의 빅토리아&앨버트 박물관, 과학 발물관, 자연사박물관, 임페리얼칼리지, 앨버트 홀 등이 그에 해당한다. 수정궁 건물은 박람회 기간 종료 후 1854년 6월에 시든햄 (Sydenham)에 개축·이설되어 전시회장으로서 다시 오픈하게 된다.

빅토리아는 앨버트의 이상을 이해하고 지원하려 했으며, 개회식

❧ '노동자 소년—박람회에 은혜를'. 만국박람회의 예산 조달을 위해 분주하게 움직였던 앨버트를 구걸하는 소년에 비유한 심술궂은 풍자만화. 『펀치』. 1850년 6월 15일.

순간에는 승리를 맛보았다. 하지만 이 정점에 달할 때까지 두 사람의 나날은 처음부터 계속 항상 잘되었던 것은 아니다. 제4장에서 본 열렬하게 사랑하는 빅토리아의 시점을 벗어나, 결혼 전까지 잠시 시간을 되돌려 앨버트 쪽에서 두 사람의 관계를 따라가보자.

❧ 개회식 날 회장에 도착한 직후의 여왕 일가를 그린 보도화. 비키와 버티가 회장에 음료를 납품한 기업가의 딸과 아들에게서 꽃다발을 받고 있다. 1851년 6월 7일.

❖ 내조하는 입장에서 비공식적인 공동 통치자로

그대와 헤어진 이후, 윈저에 있는 그대 생각만 떠오르오. (중략) 이 정도의 사랑을 지상에서 발견할 줄은 꿈에도 몰랐을 테지.
　　-앨버트가 빅토리아에게 보낸 편지(1839년 11월 15일, 칼레에서)

친애하는 빅토리아, 빨리 그대와 얘기하고 싶어 견딜 수가 없소. 그렇지 않으면 이 별리가 너무나 괴롭소. 그대의 초상을 테이블에 두었는데, 눈을 뗄 수가 없구려. 가끔 초상화가 대답을 해주는 것만 같은 기분이 들지만, 그렇게 생각하면 기운이 난다오. 아마도 내가 그대를 생각할 때, 그대도 날 생각해주는 거겠지.
　　-앨버트가 빅토리아에게 보낸 편지(1839년 11월 30일, 코부르크에서)

❧ 시든햄에 이설된 수정궁. 개축으로 지붕 형태가 조금 달라졌다. 1936년 화재로 소실될 때까지 국민의 휴식터로 계속 사용되었다. 『일러스트레이티드 런던 뉴스』 1855년 6월 9일.

빅토리아와 혼약이 성립된 후 일단 본국으로 돌아갔을 때 20세였던 앨버트가 쓴 편지에는, 그녀가 준 편지처럼 열광적인 표현을 하지 못함을 사과하면서도 이처럼 로맨틱한 사랑의 말들이 아로새겨져 있다. 앨버트는 세 살 때쯤 자신을 빅토리아와 결혼시키겠다는 계획이 있음을 알았다고 한다. 다른 상대를 고를 자유가 없는 것은 아니었으나, 레일을 벗어나는 일은 거의 생각하지 않았다.

❀ (위) 앨버트는 신기술에 열심이었고, 초기의 사진술 다게레오타입(Daguerreotype, 프랑스의 루이 다게르가 개발한 초창기의 사진술. 은판사진이라고도 불린다-역주)이 1839년에 발표되고 3년 후에는 빨리도 피사체가 되었으며, 1850년대에는 사적인 가족사진을 여러 장 찍었다. 1860년에는 최초로 '왕실 앨범'을 일반 발매하는 것을 J. J. E. 메이오르에게 허가한다. 이 명함판 사진은 그 일부.

❀ (아래) 메이오르의 '왕실 앨범' 중 한 장. 무척이나 사이가 좋은 여왕 부부의 명함판 사진이 대량으로 팔렸다. 이런 왕실 사진이 불씨가 되어 저가로 여러 장의 사진을 얻을 수 있는 구조의 명함판 사진을 수많은 일반 국민이 이용하게 되었다. 1860년경.

MAYALL.,   224 Regent Street.

그녀와의 관계를 제외하면 제 장래에는 어두운 면이 항상 따를 테지만, 언제나 구름 한 점 없는 푸른 하늘일 수는 없는 것입니다. 인생에는 괴로운 일이 항상 따르는 법입니다. 그럼에도 제가 힘과 노력을 다하는 대상이 너무나도 위대하고 수많은 사람들에게 선행을 행한다고 생각할 수 있다면, 그것만으로도 충분히 보상받는 거겠지요.

-앨버트가 계모에게 보낸 편지(1839년 11월 5일)

앞길에서 기다리는 '어두운 면'을 각오해서라도, 근처의 작은 나라 공녀가 아니라 바다 건너의 대국 영국 군주의 남편이 되는 길을 택한 이유는 여왕의 힘으로 '수많은 사람들에게 선을 행하는' 일을 할 수 있는 가능성이 있었기 때문일 것이다. 빅토리아는 10세 때 '좋은 사람이 되겠다'고 선언한 전설이 있는데(이 책 제1장), 두 사람은 '선량함'과 '의무감'을 어린 시절에 새겼다는 점에서 공통점이 있었다고 할 수 있을 것 같다.

하지만 두 사람의 파트너 관계가 막 시작됐을 즈음에는, 빅토리아는 그에게 자신의 일에 대한 책임을 나눠 지게 하는 것을 좋게 생각하지 않았으며, '서류에 사인을 할 때 압지를 대서 말려주었다'(빅토리아의 일기, 1839년 10월) 같은, 요령이 좋고 일은 잘하지만 순수하게 보좌하는 정도의 역할만을 허용했다. 그 후 계속해서 임신과 출산 때문에 움직일 수 없는 기간이 계속되면서 서서히 그녀의 일 일부를 그가 분담하게 되었다. 1842년부터 당시의 총리 로버트 필의 제안으로 대신들과의 회견에 앨버트가 동석하게 되었다. 그러고는 얼마 안가 빅토리아 없이도 앨버트는 대신들과 만나게 되었고, 자신의 손으로 기록과 각서를 쓰기 시작했다. 예를 들면 빅토리아는 '회의를 열고, 웰링턴 공작과 만났다…. 난 좀 피곤했기 때문에 다른 몇 명의 각료와는 앨버트가 대신 만나주었다'고 1843년 4월 일기에 적고 있다. 이윽고 앨버트는 여왕의 이름으로 내는 공식 문서 초고도 쓰게 되었다.

빅토리아는 앨버트를 깊이 신뢰했고 존경했으며, 그의 의견은 거의 항상 받아들였다. 사실상 아내와 남편 둘이서 하나의 군주에 가까운 존재로 성장한 것이다. 어디까지나 비공식이며 공식 문서는 빅토리아의 이름으로 나갔기 때문에, 평시라면 앨버트만이 주목받는 일은 거의 없다. 하지만 일단 세간의 분위기가 달라지고, 그의 존재가 눈에 띄게 되자 이 '비공식적인 공동 통치자'라는 입장이 격렬한 공격의 표적이 되었다.

❧ 결혼 후 얼마 지나지 않아 노예제도반대위원회의 위원장을 물려받아 발표 예정인 연설 원고를 빅토리아 앞에서 보여주는 앨버트. 『소년·소녀를 위한 빅토리아 여왕의 생애』 1910년.

⚜ 웰링턴 공작과 함께 윔블던 커먼에서 열린 열병식에서 돌아오는 앨버트. 『일러스트레이티드 런던 뉴스』. 1850년 5월 18일.

❖ 크리미아 전쟁 개전으로 가는 길

제1회 런던 만국박람회라는 위업을 달성한 앨버트는 단숨에 국민의 존경을 모으게 되었다. 하지만 영광은 그해뿐, 거의 일순간에 녹아 없어져버리고 만다. 당시의 외상(外相, 외무부 장관-역주)이었던 파머스턴(Palmerston) 자작과의 대립이 그 계기 중 하나였다.

세 번에 걸쳐 외무장관, 훗날 총리도 두 번이나 맡게 되는 파머스턴은 영국의 국익을 중시하는 강경한 외교 방침으로 잘 알려져 있으며 국민으로부터 절대적인 인기를 모았는데, 중요한 국면에서 정부와 여왕에게 알리지 않고 독단적으로 움직이는 경향이 있었다. 빅토

❀ 만국박람회의 성공으로 일제히 태도를 바꿔버린 국민에게 쫓기게 된 것을 곤혹스러워하며 펀치(풍자만화의 간판 캐릭터) 씨에게 도움을 청한다. 이 인기도 곧 사라지긴 하지만. 『펀치』 1853년 11월 19일.

리아와 앨버트는 거의 의견과 마음에는 동의하는 면도 있었으나, 설명이 부족한 것 때문에 불만을 품는 경우도 많았으며, 그 때문에 대립이 심화되고 있었다. 런던 만국박람회가 끝난 직후인 1851년 12월, 프랑스에서 루이 나폴레옹(초대 나폴레옹의 조카. 훗날의 나폴레옹 3세)이 쿠데타를 일으켰다. 이때 파머스턴은 프랑스 대사에 대해 정관하는 자세였던 영국 정부의 방침과는 반대되는, 실수로 승인하는 듯한 발언을 했기 때문에 외상에서 해임된다. 여왕은 매우 기뻐했다.

하지만 여기서 주요 신문이 이 실각극을 빅토리아와 앨버트가 뒤에서 조종했다는 비판적인 보도를 하기 시작했다. '외국인 프린스'가 여왕을 조종해 영국의 정치에 개입하고, 애국심이 넘치는 영국인 외상을 쫓아냈다는 것이다. 이 캠페인은 성공했고, 앨버트는 적의를 모았다.

이윽고 1853년 여름, 러시아 군이 오스만 제국(튀르크) 권내의 기독교도 보호를 명목으로 진군을 개시했고, 크리미아 전쟁(크림 전쟁, Crimean War)이 시작되었다. 유럽으로 남하하고 싶었던 러시아가 오스만 제국을 공격하면, 프랑스와 영국은 경계를 강화했다. 시노프(Sinop)에서 러시아 함대가 오스만 함대를 일방적으로 물리친 해전을 계기로, 영국에서는 내상 파머스턴 등을 중심으로 반러시아 감정이 고양되고 있었다.

✤ 스토크마르 남작. 신혼 시절 숙부 레오폴드의 시의가 된 후 그의 명령으로 코부르크와 영국을 정기적으로 왕래하며 앨버트와 빅토리아에게 계속해서 조언해주었다.

프랑스와 손을 잡고 영국도 참전해야 한다는 주장이 전개되었다. 이때 아직 여왕은—즉 앨버트는—호전적인 분위기의 국민과 의회는 신경도 쓰지 않고, 계속해서 러시아 황제 니콜라이 1세와 직접 교섭 중이었다.

1853년 말부터 1854년 새해를 맞이할 때까지, 2년 전과 완전히 같은 논조의 앨버트 비판 캠페인이 격렬함을 더해 다시 불타올랐다. 개전은 머지않았고, 외국 왕실과 연락을 취하며 타국의 이익을 위해 움직인다고 단정해버리면 러시아의 스파이라는 누명을 피할 수 없게 된다. 이번에는 대역죄인으로서 적의가 소문을 부르고, 앨버트가 체포돼 여왕과 함께 런던탑으로 보내졌다는 악성 루머로까지 발전하고 말았다.

형님의 말대로, 가까운 장래의 전망은 두렵다. 전 세계가 암흑으로 보인다. 영국에서는 전쟁을 바라는 목소리가 높아지고 있지만, 이 정도일 줄은 생각도 하지 못했다. 국민은 나를 아무렇지도 않게 희생양(the Scape Goat)으로 삼았다. 왜냐면 전쟁이 아직 시작되지 않았기 때문이며, 그들은 논리적이게도 코부르크 일족은 러시아나 벨기에와 손을 잡는 게 자신들에게 이득이 되기에 루이 나폴레옹과 동맹을 맺지 않는 것이라고 한다.

-앨버트가 형 코부르크 공 에른스트 2세에게 보낸 편지(1854년 1월 7일)

소동은 1월 하순까지 계속되었다. 완전히 루머에 넘어가버린 사람들이 여왕 부부가 연행된 모습을 보겠다며 대거 런던탑으로 몰려드는 데까지 이르렀으며, 앨버트는 이 사실을 상담역인 스토크마르에게 보낸 편지에 적었다. 거짓과 선동을 있는 그대로 다 믿어버린 사람들이 폭주하고, 막으려 해도 막을 수 없게 되는 두려움은 어느 시대나 똑같았던 모양이다. 빅토리아는 사랑하는 남편에 대한 공격에 격노했고, 의회에서 대책을 강구하도록 당시의 총리 애버딘 백작에게 요구했다. 그리고 1월 말, 귀족원과 서민원 대표가 앨버트에게는 '여왕과 국가에 대한 완전한 충성심'이 있음을 옹호하는 연설을 했다. 또 여왕의 남편에게는 전면적으로 그녀를 지지하고 정치적인 회견장에서 입회해 다양한 일에 조언할 권리가 있음을 확인해주었다.

이것으로 각 신문 지상의 비판은 종식되었다.

하지만 참전은 피할 수 없었고, 그 2개월 후 영국은 프랑스와 함께 러시아에 대해 선전포고를 한다.

❖ '램프의 귀부인'과의 조우

크리미아 전쟁은 예상보다 길어졌고, 양 진영에 막대한 희생자가 나왔다. 1854년이 저물어 겨울이 되자 콜레라마저 유행해 상황은 더욱 악화되었다.

이해 11월, 플로런스 나이팅게일이 직접 간호사 팀을 이끌고 스쿠

❖ 발라클라바의 병원의 세탁장. 청결 장려 방침이 도달한 모양이다. 1855년 6월 2일

✤ 스쿠타리 병원에서 램프를 손에 들고 돌아보는 플로런스 나이팅게일. 『일러스트레이티드 런던 뉴스』 1855년 2월 24일.

✤ 빅토리아가 나이팅게일에게 수여한 브로치. 디자인은 앨버트가 감수했다. 당시에는 일반 여성의 용감한 행위에 대해 수여하는 훈장이나 메달이 없었으므로, 그 대신으로 만들어졌다.

타리 군병원으로 왔으며, 상황 개선을 위해 바쁘게 일했다. 그녀가 부임한 11월 이후 이듬해인 1855년 2월까지의 동안에 병원에서 사망한 영국 군인 숫자는 증가했으며, 8,000명 이상의 전사자가 기록되어 있다. 하지만 나이팅게일이 청결을 장려하고 경직화된 군 당국 매니지먼트와 싸운 결과, 봄 이후에는 사망자가 격감했다.

고난의 연속이었던 그녀의 활동

✤ '빅토리아 여왕이 처음으로 부상병들을 문병하다' 1855년 3월 3일 브롬턴(Brompton) 병원을 방문했을 때의 모습. 제리 배럿 그림. 1856년.

을 빅토리아는 편지로 지원하고 높게 평가하면서도 진심으로 부러워했다. '저만큼의 선행이 가능하고, 고귀하고 용감한 영웅들을 돌볼수 있으니까'라면서.

불편부당을 명심했던 남편 앨버트와는 약간 다르게, 자신은 군인의 딸임을 강하게 자인하는 빅토리아는 전시의 분위기에 금방 익숙해졌다. 전장에서의 보고를 걸신들린 것처럼 읽었으며, 오히려 전황이 나쁘면 나쁠수록 애국적이고 전투적인 심경이 되었다.

미스 나이팅게일처럼 전장으로 나가는 건 불가능하다. 그녀가 할수 있는 일이라면, 왕궁의 여관들과 함께 위문용 양말과 장갑을 뜨는것이었다. 그리고 병원을 찾아가 회복을 기다리는 한 사람 한 사람에게 말을 걸어 이야기를 나누었다. 성으로 부른 귀환병에게 훈장을

✤ 1854년 12월, 크리미아 전쟁의 전투에 참가한 장교와 일반 병사에게 주는 '크리미아 기장'을 제정하고 여왕이 직접 수여했다. 『빅토리아 여왕의 개인적인 생활』 1896년.

달아주면 그들은 제각각의 태도로 환희했다. 교류가 있던 병사의 이름을 기억하고, 직접 만든 노트에 기록하고, 싸울 수 없게 된 사람에게는 개인적으로 그 이후를 계속 돌보아주었다.

빅토리아는 예를 들면, 차티스트 운동이나 여성 참정권 운동처럼 사회에서 돌아보지 않는다고 느끼는 사람들이 연대해 집단의 힘으로 지배 계급에 항의하는 활동 종류에는 차가웠다고 알려져 있다. 그러한 이의 제기를 받아준다면 자신의 존재를 정점으로 하는 질서 구조 전체가 발밑부터 무너지는 것처럼 느꼈을지도 모른다. 아니면 자신이 역사에서 물려받아 쥐고 있는 왕으로서의 권리와 신에게서 부여받은 사명을 빼앗기는 것처럼 느꼈을지도 모른다.

✤ (왼쪽) 서아프리카에서 의식의 제물로 바쳐
질 뻔했으나 영국 해군 장교에게 구출되어 여
왕에게 '선물'로 바쳐진 세라 포브스 보네타.
1856년, 13세쯤의 사진.

✤ (오른쪽) 영국과의 전쟁으로 멸망한 시크 왕
국의 후계자 두리프 싱. 빅토리아는 그의 미모
가 마음에 들어 친하게 지냈으나, 훗날 고국의
부흥을 바라고 행동했기 때문에 관계가 악화되
었다. 빈터할터 그림. 1854년.

하지만 여기서 본 것처럼 크리미아에서 돌아온 부상병이나 굴뚝
을 청소하는 아동 노동자, 낙반 사고로 남편을 잃은 탄광 노동자의
아내, 배가 난파해 오즈본 하우스가 있는 와이트섬으로 떠내려온 이
주민, 인도인 병사, 나라를 빼앗긴 마하라자(Maharaja, 인도에서 왕을
부를 때의 칭호-역주)나 망명해온 황제 부부, 아프리카에서 노예였다가
'구출된' 소녀, 어린 시절 숙부의 저택 클레어몬트 정원에 살던 '집시'
가족, 또는 좀 더 극히 친근한, 자신을 모시던 하인 등 인연이 있는

지인들에 대해서는 신분과 출신의 구별 없이 1:1의 개인으로서 대할 것을 항상 마음에 새겨두었다. 소박한 호기심에서 나오는 끝없이 관대한 그 태도는 현대의 가치관에 비춰보면 편견이 없다고는 도저히 할 수 없지만, 당시의 사람들의 평균적인 감각보다는 몇 걸음이나 앞서나가고 있었음은 틀림없다.

그녀처럼 '태생'이 고귀하고 선량한 사람과 만나고, 존재를 인정받

✿ 올더숏(Aldershot) 주둔지를 시찰하는 빅토리아. 육군 군복풍의 타이트한 붉은색 튜닉을 입고 씩씩하게 말에 타 군사 관계 행사에 임하는 그녀의 모습은 칭찬을 받았으며, 다양한 회화나 삽화로 보도되었다. 『일러스트레이티드 런던 뉴스』 1856년 8월 16일.

고, 인간다운 모습을 보고, 그런 사람이 상냥하게 대해주면 사람은 자기도 모르게 깃발을 흔들며 지지하게 되고 만다. 인간이란 약하고 현금 같은 존재다. 빅토리아라는 이름의 여왕은 때로는 분노에 떨고, 때로는 넘치는 사랑과 욕망에 부딪치고, 그저 눈앞의 문제에 매달려 최선을 다해 바쁘게 살아갔던 것뿐이지 않을까.

그녀의 '개인적인' 선행은 확실히 서민 사회의 모범이 되었으며, 19세기 영국이라는 나라의 지주가 되었다. 선의가 불러온 것이 장밋빛 미래만은 아니었다는 것은 그 한가운데 있던 사람들에게는 보이지 않았다.

전쟁의 초점이 되었던 세바스토폴(Sevastopol)이 1855년 9월에 함락되자, 프랑스의 나폴레옹 3세는 그 이상의 전투를 바라지 않았고, 러시아의 니콜라이 1세가 사망하기도 했기에 크리미아 전쟁은 종식을 향해 나아갔다. 1855년 4월에는 프랑스 황제 부부를 윈저성으로 초대했고, 여름에는 답례로 빅토리아는 앨버트와 비키, 버티와 함께 파리 만국박람회에 맞춰 처음으로 파리 여행을 떠났다. 이듬해 3월에 전쟁은 끝났다. 전시의 분위기에 익숙해졌던 빅토리아는 군복과 비슷한 드레스를 입고 말을 탔으며, 귀환병에게 훈장을 수여하는 의식은 종전 후에도 한동안 계속되었다.

그녀가 검은 상복을 입고, '제국의 어머니' 또는 '유럽의 조모'라는 이미지가 완성되기까지는 그리 머지않았다.

인도인 병사의 반란

　크리미아 전쟁 직후의 영국이 직면한 또 하나의 커다란 위기는 인도의 대반란이었다. 당시의 인도는 인도인 제후가 통치하는 영토와 영국 동인도회사가 지배하는 지역이 혼재했다.

　반란을 초래한 배경에는 1848년부터 1856년까지 부임했던 인도 총독 달하우지(Dalhousie)가 급속한 근대화를 진행하는 한편으로 인도의 전통적인 관습을 무시한 일을 들 수 있다. 예를 들면 번왕국(藩王国, 인도에서 영국령에는 속하지 아니하면서 영국의 지도와 감독 아래 현지인 전제 군주가 통치하던 나라-역주)의 뒤를 이을 남자가 없을 때 양자를 들이는 관습을 허용하지 않고 토지를 차례로 병합해버렸다. 결과적으로 동인도회사가 관리하는 지역이 단기간에 급격히 확대되어 손을 쓸 수가 없게 된 면이 있다.

　　　　　　　　　달하우지의 후임 총독 찰스 캐닝은 1856년 2월 부임했다. 이때 동행한 아내 샬럿 캐닝은 빅토리아의 왕궁에서 1842년부터 1855년 출발 직전까지 침실 여관 일을 했으며, 신뢰를 받았다.

　　　　　　　　　1857년 인도의 영국군에 새

❀ 캐닝 자작 부인 샬럿. 인도 체재 중이던 1861년 11월에 병사했으며, 영국으로 귀국하지 못했다. 프란츠 빈터할터 그림. 1849년.

✤ 영국 통치 시대에 인도는 계속해서 기아로 시달렸으며, 구조적인 문제로 그때마다 수백만 명이 사망했다. 여왕은 사적인 기부 등을 통해 구제를 시도했으나, 당연히 언 발에 오줌 누기였다. 『펀치』 1877년 9월 1일.

롭게 채용된 엔필드 총의 약포에 힌두교 교도가 신성시하는 소나 이슬람 교도가 터부시하는 돼지의 지방이 사용되었다는 소문이 퍼졌다. 영국 군 당국은 식물성 유지를 칠해 약포를 다시 배포할 것을 약속했다. 하지만 인도인 용병(Sipāhī)들의 격렬한 반발은 멈추지 않았다. 강제적으로 기독교로 개종시키려 한다는 소문과 그때까지 영국의 지배 체제에 대한 불만이 어우러져 대규모의 반란으로 발전해버리고 만다. 반란군이 침공하는 와중에 영국인 여성과 아이가 학살당

했다는 보고가 왔고, 그 때문에 본국에서는 격렬한 분노가 일어났다.

빅토리아는 파머스턴 총리와 캐닝 총독, 육군 대신에게 격려와 재촉의 편지를 계속해서 보냈다. 친밀한 전 여관인 샬럿이 동란에 말려들지도 모른다고 생각하면 제 정신이 아니었다. 그러는 한편, 불확실한 소문이 날아드는 와중에 현지에서 직접 보고 들은 정보를 포함한 샬럿의 편지는 여왕에게 귀중한 정보원이 되었다. 그러한 보고를 접한 덕분인지, 잔혹한 행위에는 가슴이 아파도 빅토리아 안에서 인도 전체에 대한 증오나 편견이 뿌리 내리는 일은 없었다.

반란군에게 냉대당한 번왕들이 가세했고, 델리를 점거해 무가르국 황제가 추대되었는데, 1859년 전에 대반란은 진압되었다. 인도는 동인도회사를 통한 지배에서 영국 정부에 의한 직접 통치로 바뀌게 되었다.

여성 군주로서

영국의 직접 통치란 여왕을 군주로 하는 통치를 의미한다. 즉, 빅토리아는 인도를 손에 넣은 것이 된다. 그 일을 선언하는 문서의 초안이 정부에서 제출되었을 때 그녀는 다음과 같은 편지를 썼다.

유혈의 내전 후에 직접 통치를 받게 되었음을 1억 명 이상의 인도 사람들에게 말하는 것은, 여성 군주임을 명심하고 더비 경

이 자신의 문학적 재능을 이용해 써준다면 기쁠 것입니다. 여왕이 통치함으로써 지켜질 약속과 그녀의 정부의 원칙에 대해 설명하는 것입니다. 이러한 글에는 관용, 박애, 종교적인 감정이 들어가 있어야만 하며, 인도 사람들이 앞으로 얻을 특권에 대해 지적하지 않으면 안 됩니다. 그 특권은 인도 국민은 영국 여왕의 신민과 평등한 입장에서 대우받을 수 있다는 것입니다. 이것은 문명화에 의한 번영을 손에 넣을 수 있다는 것입니다.

  -빅토리아가 더비 백작에게 보낸 편지(바벨스베르크에서, 1858년 8월 15일)

  인도의 반란병에게 향했던 영국 국민의 증오와 영국군에 의한 무지막지한 보복, 애초에 그 상황을 초래한 나라끼리 너무나도 균형이 맞지 않는 관계를 생각한다면, '평등한 입장에서'라는 말이 자극적으로 들린다. '뒤처진' 사회의 '문명화'나 '개발 원조'를 이유로 지배를 정당화하는 것은 당시 폭넓게 유포되었던 가치관이었다. 빅토리아도 이 이치가 '올바름'을 믿었다. 앞선 편지에서는 거기에 더해 '여성스러운' 태도와 그녀가 생각하는 사랑과 관용, 평등을 더하려 했음을 읽어낼 수 있다. 외국에서 새로운 양자를 얻은 어머니의 기분이기라도 했던 걸까.—멋대로 '아이' 취급을 당한 사람들의 진정한 바람 따윈 알 리가 없다.

  그러한 감정에 거짓은 없었을 것이다. 하지만 자신을 이렇게까지 매료시켜버리는 인도의 땅을 빅토리아는 평생 밟아볼 기회가 없었다. 매혹적인 환상의 이국은 환상인 채로 끝나고 말았다.

제 **7** 장
상복을 입은
여왕과 남자들

1861~1883

❖ 앨버트의 운명

확실히 나는 박람회가 끝난 후에는 새로운 것에는 손을 대지 않겠다고 당신과 약속했고, 게다가 나 자신도 가능한 한 빨리 은신처에 틀어박힐 생각을 하고 있었습니다. 하지만 꼭 해야만 하는 일들이 너무나도 많아서 제게는 선택의 자유가 없습니다.
-앨버트가 스토크마르에게 보낸 편지(오즈본에서, 1851년 8월 18일)

앨버트 공은 자타가 공인하는 일 중독자였다. 위의 편지에 나오는 약속은 런던 만국박람회 당시 일 때문에 너무 바빠서 쓰러질 지경이 됐을 때 상담역이던 스토크마르 남작이 일의 양을 줄이라고 한 말에 동의하며 한 것인데, 그 약속은 결국 지켜지지 않았다. 앨버트는 결혼 직후부터 산업계, 군대, 교육계를 비롯해 노동자의 주거 환경 개선을 위한 단체에 이르기까지 광범위한 분야에 걸쳐 개혁 사업에 참여했다. 어떤 분야든 이름뿐인 지위에는 만족하지 않고 열심히 제안을 했기 때문에 뜻을 같이하는 동료들은 칭찬을 하면서도 거북해하는 장면도 있었던 모양이다.

1861년, 앨버트는 만성적인 컨디션 불량으로 고생하고 있었다. 심한 치통, 두통, 위통이 계속되었고 잇몸과 목이 부어 구토감이 몰려와 식사도 만족스럽게 하지 못하기도 했다. 거기에 추가로 정신적으로 타격을 준 것이 왕세자 앨버트 에드워드(버티)의 소행이다.

앨버트와 빅토리아는 버티를 이상적인 후계자 왕으로 키우기 위해

어렸을 때부터 마구 채워 넣는 느낌으로 키웠다. 17세부터 국내 각지의 명문 대학으로 보냈고, 캐나다와 미국을 두루 여행하게 하고, 군대에 보내 경험을 쌓게 했다. 하지만 결과는 신통치 않았고, 군에서의 훈련은 앨버트가 세운 계획보다 대폭 늦어졌다. 그런 마음에 들지 않는 군대 생활 속에서 아일랜드에 체재하던 버티는 여배우 넬리 클리프덴(Nellie Clifden)과 관계를 갖고 만다. 이 추문이 런던의 신사 클럽에 소문으로 돌면서, 아버지 앨버트는 엄청난 충격을 받았다.

앨버트의 부친과 형은 여성 관계가 자유분방했다. 그리고 친모 또한 남편 이외의 남성과 관계해 이혼했고 두 번 다시 만나는 일은 없었다. 그러한 과거에서 심리적인 영향을 받아 앨버트는 당시 영국 상류 계급의 기준에 비추어볼 때 너무 높다고 할

만한 도덕 기준을 갖고 있었다. 빅토리아 시대, 빅토리아 왕조풍, 즉 빅토리안이라는 말에는 '고귀함', '도덕적', '위선적' 등 성에 엄격한 이미지가 따라붙는다. 전기 작가들은 이런 가치관을 가졌던 것은 사실 빅토리아가 아니라 앨버트였던 것이 아닐까 지적한다.

아무튼 앨버트는 소중한 후계자가 존경받지 못하는 왕이 되는 것은 아닐까 하는 심경으로 괴로워했다. 1861년 11월 22일 악천후 속에서 샌드허스트(Sandhurst) 육군학교를 시찰하러 간 후, 11월 24일에는 무거운 몸을 끌고 케임브리지대학에 재학 중인 버티를

✤ 대학 시절의 왕세자 버티. 에딘버러대학, 옥스퍼드대학, 케임브리지대학에 보냈으나 어디서도 학업에 열중하지 않았다.

만나기 위해 외출했다. 그때 무슨 소리를 들은 건지, 윈저로 돌아온 앨버트의 몸 상태는 더욱 악화되어 있었다.

최후의 병으로 쓰러지기 직전—아마도 딱 이 시기에, 앨버트는 빅토리아에게 "나는 사는 것에 집착이 없소. 그대에게는 있을지도 모르나, 난 내 자신의 목숨에 관심이 없거든. 만약 나의 사랑하는 사람들이 평온무사하다는 것에 확신만 있다면 내일 당장 죽어도 그 준비는 다 되어 있소", "나는 안다오. 만약 무거운 병에 걸린다면 금방 포기해버려서 싸워서 살아남는 것은 불가능할 테지"라고 말했다. 이것은 머지않아 현실이 된다.

1861년 4월, 미국에서는 남북전쟁이 일어났다. 영국 정부는 당초에는 중립적인 입장이었으나 직물 산업계의 이해가 얽히면서 남부

군을 지지하는 쪽으로 의견이 기울고 있었다. 같은 해 11월 초, 영국 우편선인 '트렌트호'가 북부군에 붙잡혀 타고 있던 남부 사절이 포로가 되는 사건이 발생한다. 11월 30일, 파머스턴 총리와 러셀 외상의 영국 정부는 사건에 대해 강경한 태도의 외교 문서를 준비했다. 하지만 초고를 본 앨버트는 미국과의 전쟁을 피하기 위해 얼마 남지 않은 힘을 쥐어짜 온건한 표현으로 수정하게 한다. 이윽고 북부 측은 포로를 석방했고 사태는 수습되었다. 수정을 마쳤을 때 "펜을 쥐는 것이 고작"이라며 빅토리아에게 말한 앨버트에게 이것은 최후의 공적인 일이 되었다.

❀ '왕배(王配, 왕의 배필-역주) 전하의 최후의 순간'. 르 폴트 그림(오클리라는 화가의 다른 이름으로 여겨진다). 윈저성의 '푸른 방' 침대 위에 누워 있는 앨버트를 빅토리아(오른쪽)와 아이들이 둘러싸고, 의사단과 신하들이 지켜본다. 왕궁에서는 허가받지 않고 그려진 추도화로, 여왕은 이 그림에 동요해 파기하려고 했으나 의료 사물 컬렉터인 헨리 웰컴이 구입해 보존했다고 한다. 웰컴 컬렉션.

❖ 그녀의 인생을 바꾼 죽음

12월에 들어선 뒤로 앨버트는 식사도 거의 하지 못했고, 불면증에 시달리며 침대와 소파를 왕래하는 상태가 되었다. 그럼에도 빅토리아는 치료와 휴양으로 좋아지리라 믿었고, 파머스턴이 다른 의사를 보낼 것을 제안해도 기분이 상해 거절하기도 했다.

12월 7일, 장기간 증세를 봐온 젠너 의사가 '장티푸스'라고 진단한다. 빅토리아는 동요했다. 그렇다면 당시는 결정적인 치료법이 없었으며, 조금이라도 고통이 완화되도록 간호하면서 끈기 있게 나아지기를 비는 수밖에 없었다. 실제로 병명이 무엇이었는지는 확실하지 않다. 훗날 증상과 진행 상황, 장티푸스치고는 따로 감염자가 없었고, 감염 경로도 불분명했다는 점 등을 근거로 위암이었을 가능성이 지적되고 있다. 하지만 어쨌든 제거 수술도 아직 불가능했고, 화학 요법도 없던 시대라 손 쓸 도리가 없었다는 점은 마찬가지다.

8일, 앨버트는 딸인 앨리스 왕녀에게 피아노 연주를 부탁하고 침실을 '왕의 방', 다른 이름으로 '푸른 방'으로 옮기라고 했다. 윌

❖ 아버지 앨버트의 바람대로 낭독하는 앨리스. 『빅토리아 여왕의 생애와 시대』 제3권. 1897년경.

리엄 4세, 조지 4세도 그 방에서 세상을 떠난 것, 그리고 아버지가 마지막을 맞이할 준비를 하고 있다는 것은 아마도 앨리스는 눈치 챘을 것이다.

9일에는 새로운 의사가 불려왔고, 환자는 약간 나아졌다가 악화되기를 되풀이했다. 11일, 병세가 심각하다는 것이 일반에 공표되었다. 앨버트는 아주 약간 용태가 나아져 오랜만에 소 육즙(Beef Tea)을 입에 댔다. 하지만 12일에는 대량의 혈담(血痰, 피가 섞여 나오는 가래-역주)을 토했고, 짧은 숨을 이어갔다. 13일에는 앨리스가 케임브리지의 버티에게 전보를 보냈다. 그리고 12월 14일을 맞이했다.

침대가 방 중앙으로 이동되어 임종의 순간에 대비했다. 빅토리아와 아이들-앨리스, 버티, 헬레나(렌헨), 루이즈, 아서가 교대로 아버지 곁을 지켰다. 장녀 빅토리아(비키)는 프로이센 왕세자의 비가 되어 베를린에 있었으며, 위에서 네 번째인 앨프리드(아피)는 멕시코에서 군사 연습에 참가 중이었다. 혈우병을 앓던 여덟째 레오폴드는 몸 상태가 좋지 않아 겨울에는 남프랑스에서 요양 중이었고, 막내인 베아트리스(베이비)는 아버지의 죽음에 직면하기에는 너무 어려서 빠져 있었다.

빅토리아는 대기실에 물러나 있었지만, 저녁 5시 30분에 다시 불려왔다. 들어가자마자 그녀는 "아아! 이건 죽음이야. 알아요, 전에도 본 적이 있는걸요"라며 외쳤다.

두 번인가 세 번, 길고 편안한 숨을 토하고, 내 손을 쥐고, 그리고 (아아! 적으려니 토할 것 같다) 모든 것이, 모든 것이 끝났다—.

✤ 친족과 신하 남성들이 따르는 앨버트의 장례 행렬이 윈저성 부지 내의 세인트 조지 예배당으로 들어가는 모습.

나는 일어서서, 사랑하는, 천사 같은 그의 얼굴에 키스를 하고, 그리고 괴롭게 외쳤다. "아아! 나의 사랑하는 당신!" 그리고 무릎을 꿇고 쓰러져, 목소리도 나오지 않고, 미쳐버릴 것 같은 절망 속에서, 아무 말도 못 하고 울지도 못했다!

    -빅토리아의 일기(1861년 12월 14일)

✤ 앨버트의 유해를 실은 장의 마차. 앞쪽의 남성들은 리본을 단 톱 햇과 검은 장갑 등 장의용 차림을 했다. 『일러스트레이티드 런던 뉴스』 1861년 12월 28일.

앨버트의 장례는 1861년 12월 23일에 거행되었다. 당시의 관습으로는 약한 여성은 마음의 고통을 견디지 못할 것으로 간주해 원칙적으로 배우자의 장례에는 참석하지 않았다. 빅토리아도 19일부터 오즈본 하우스로 이동해 슬픔과 충격에 견디는 나날을 보내고 있었다.

사람은 사랑하는 사람을 잃으면 어째서인지—어째서 먼저 가버리는 것인지—왜 막지 못했는가—뭔가 내가 할 수 있는 일이 있었던 건 아닌가— 등등 '정당한 이유'를 찾게 되고 만다. 빅토리아는 죽음의 순간을 떠올리며 '천사 같은 사람이었으니, 지상에서 도망쳐 그에게 어울리는 천상으로 떠난 것이다'라는 등의 말을 했다. 다른 때는 '병과 싸울 용기가 없었다'며 약간 질책했다. 그리고 마음 깊은 곳에서는, 남편이 죽은 것은 왕세자 버티가 준 고뇌 때문이라고 생각했다. 그 생각은 어머니와 자식의 관계에 길다란 그림자를 드리우게 된다.

❖ 상복을 입는 것은 치유의 수단

빅토리아는 확실히 죽음을 알고 있었다. 그것도 기억에 생생한 일로서. 같은 해인 1861년 3월에 모친인 켄트공 부인이 세상을 떠났고, 죽은 병상을 문병했기 때문이다.

여왕으로 즉위했을 때쯤부터 결혼하기까지는 모친과의 관계가 굉장히 나빴다. 하지만 그렇게 사이가 나쁘게 된 원인이었던 어머니의 회계관 존 콘로이가 은퇴하고, 앨버트가 사이에 끼어들면서 모녀 간의 관계는 회복되었고 솔직한 애정 표현이 가능해졌다. 어머니를 잃은 그녀는 감정이 폭발하는 듯한 일기와 편지를 썼고, 본인의 방에 틀어박혀 매일같이 계속 유품을 정리하면서 슬픔을 치유했다. '소중

❖ 세상을 떠나기 몇 년 전의 켄트 공 부인. 윈저성 근처의 프로그모어(Frogmore) 궁전에서 살았으며, 때때로 딸 부부나 손자들과 함께 지냈다. 1859년 경.

✽ 상복을 입고 앨버트의 흉상을 올려다보며 슬픔에 잠긴 빅토리아(왼쪽)와 앨리스. 촬영자는 아피 왕자로, 약간 초점이 흔들렸다. 1862년 3월.

한, 사랑스러운, 사랑하는, 상냥한 어머님'의 소지품에는 딸인 자신의 머리카락과 어린 시절의 메모, 본 적이 없던 아버지의 유품도 포함되어 있었다.

빅토리아는 자신이 격해지기 쉽고, 쉽게 좌절하며, 감정에 휩쓸리는 성격임을 알고 있었다. 괴로운 일이 있었을 때, 우선 일단 자신의 감정에 몰입하는 것이 그녀에게는 가장 자연스럽고 효과적인 대처법이었던 게 아닐까. 앨버트도 말리지 않았다.

죽은 자를 애도하고, 추억에 빠지고, 감상적으로 행동하는 것은 이 시대에는 당연한 행위였다. 특히 여성의 경우는 죽은 자에 대한 마음의 깊이를 주위 사람들이 볼 수 있도록 나타내는 것이 에티켓이었다. 조의의 감정을 나타내기 위해 검은 테두리의 편지지, 봉투, 카드부터 상복과 옷 장식품까지 산업화의 파도를 타고 대량 생산된 저가격 물품이 유통되었다. 빅토리아 시대의 사람들은 가족과 친척이 세상을 떠났을 때 검은 상복과 검은 완장, 모자에 리본 등을 하고 사람들과의 만남을 잠시 멀리했다. 상대와의 관계의 깊이에 따라 사교적으로 올바르다고 여겨지는 상복을 입는 기간이 달라진다. 당시 대량으로 출판되었던 중류 계급을 위한 에티켓 북에는 입어야 할 상복과 상복을 입는 기간이 집요할 정도로 세밀하게 적혀 있었다.

❖ 왕궁복상

 가족이나 친척이 세상을 떠났을 때는 누구나 사적으로 상복을 입는 것에 비해, 왕가의 누군가가 세상을 떠났을 때는 가족만이 아니라 궁전에서 일하는 신하나 하인도 경의를 표하며 '왕궁복상(Court Mourning, 왕궁에서 상복을 입는 기간-역주)에 들어갔다. 빅토리아는 장녀 비키가 프로이센 왕실의 프리드리히 빌헬름(프리츠)에게 시집간 후, 상을 치를 때의 법도를 대략적으로 가르쳐주었다.

❖ 1896년 4월에 열린 '응접실'. 상류 계급의 아내와 딸을 왕궁에 소개하기 위한 행사였으나, 여기서는 여왕 대신 왕세자비 알렉산드라가 인사를 받았다. 왕궁의 상복을 입는 기간이기에 참가자는 하얀 드레스, 왕세자비와 후방에 대기하는 왕녀, 여관은 전원 검은 상복을 입었다. 『V.R.I.』 1901년.

✤ 1863년 3월 10일 윈저성 부지 내의 세인트 조지 예배당에서 열린 버티의 결혼식. 상복 차림의 빅토리아는 오른쪽 위의 박스석(로열 클로짓)에서 지켜보고 있다. 윌리엄 파월 프리스(William Powell Frith) 그림.

당신은 언제까지나 저의 딸, 그리고 영국 왕가의 장녀(Princess Royal)입니다. 다른 나라에 있다 해도 마음까지 멀어지는 것은 용납할 수 없습니다. 프리츠에게는 왕궁복상과 사적인 복상의 차이를 당신이 설명해주도록 하세요. 왕궁복상의 기간은 짧습니다. 영국의 왕궁에서는 설령 연이 없다 하더라도, 왕관을 쓴 다양한 군주를 위해 상복을 입습니다. 하지만 사적인 복상은 원하는 만큼 길게 입어도 상관없습니다.

-빅토리아가 비키에게 보낸 편지(1858년 6월 17일)

✤ 1887년, 즉위 50주년 기념식 행사 예배 때 착용했던 복장의 빅토리아. 상복은 완화되어 곳곳에 흰색과 백색 레이스가 있으며, 보닛에는 깃털 장식을 달았다.

왕궁복상의 규정은 상황에 따라 여왕이 직접 결정하며, 궁내부 장관이 발표한다. 유럽 왕실의 소식을 전부 고려한다면 끝없이 부고가 날아들기 때문에, 여관들은 자신들이 입는 것이 허용되는 올바른 색과 천으로 된 옷과 장갑을 선택하는 데 매일 고생했다.

크리미아 전쟁 중인 1855년 3월 러시아 황제 니콜라이 1세가 세상을 떠났을 때, 빅토리아는 '영국과 전쟁 상태인 나라의 군주가 세상을 떠났을 경우'에도 왕궁복상을 실행해야 할 것인지 시급히 조사하도록 궁내부 장관에게 명령했다. 전례를 발견하지 못했던 모양이라, 적국 황제를 위해 상복을 입지는 않게 되었다.

여기서 그녀의 남편의 죽음 이야기로 다시 돌아가보자. 1861년 12월 15일, 궁내부 장관으로부터 앨버트를 추도하는 왕궁복상의 규정이 발포되었으며, 다음 날 『런던 가젯』지에 발표되었다.

왕궁 및 일반 국민의 복상 규정

왕궁에 들어오는 여성은 검은 울 외에 크레이프(견직물) 장식, 장식 없는 마, 검은 구두와 장갑, 크레이프 부채를 지닌다. 왕궁에 들어오는 남성은 검은 천으로 만든 옷, 장식 없는 마, 크레이프 모자의 리본, 그리고 검은 검과 버클을 단다.

『런던 가젯』호외(1861년 12월 16일)

거기에 장관의 군복에는 모자 장식부와 검의 손잡이 장식, 왼쪽 어깨 위에는 크레이프를 달고, 검은 장갑과 섀시 위에 검은 크레이프 스카프를 단다. 군악대의 드럼은 검은 천으로 덮고, 보병대와 기병대의 깃발에는 상부에 검은 크레이프 천을 달게 되어 있었다. 일반 국민들에게는 '각각 제대로 된 상복을 신속하게 입기 바란다'였다.

대부분의 국민이 궁내부 장관이 시켜서가 아니라, 스스로 기꺼이 앨버트를 위해 상복을 입고 상장(喪章)을 몸에 둘렀다. 그리고 옛날 앨버트를 '여왕을 조종하는 배신자 외국인'으로 호되게 계속해서 비난했던 건 다 잊었다는 듯이—아니면 마치 그게 그의 죽음을 앞당겨 버려 죄책감을 느끼는 것처럼—손바닥을 뒤집어 그의 너무 이른 죽음을 애도했으며, 위인이나 다름없는 그의 생전의 위업을 칭찬했다.

상복 규정은 공표와 동시에 효력을 발휘했는데, 상이 치러지는 기일에 대해서는 적혀 있지 않았다. 그리고 빅토리아가 남편을 위해 주위에 요청해 왕궁복상은 '짧은 것'으로는 끝나지 않았다. 여관들은 가장 정식으로 상을 치르는(Deep Mourning) 복장으로 1년간 지낼 것이 요구되었으며, 왕궁 하인도 최소한 8년간은 왼팔에 검은 완장을 찼다고 한다.

가족의 축복할 만한 일도 영향을 받았다. 이듬해 1862년 7월에 치러진 앨리스 왕녀와 헤센 대공자 루이(루트비히)의 결혼에는 '불쌍한 앨리스, 결혼식이라기보다는 장례식 같다'고 편지에 적었다. 그리고 1863년에는 왕세자 버티가 덴마크 왕녀 알릭스(알렉산드라)와 결혼할 때 여왕이 제시한 것은 '참가자는 전원 색이 들어간 드레스를 입어도 됩니다. 단 여왕의 왕실에서 일하는 여관은 회색, 연보라, 진보라여야만 합니다'였다. 여관에게 지정된 색은 상의 단계가 경감된 반상(Half Mourning, 半喪)에 해당한다. 어느 쪽이든 빅토리아는 가족 행사의 세세한 부분에 다양한 주문을 함으로써, 틀어박혀 주위와 단절된

✤ 앨버트가 세상을 떠난 후의 윈저성의 '파란 방'. 생전 그대로의 상태가 보존되어, 왼쪽 안 창가에는 세면대, 왼쪽 앞쪽 침대 곁에는 유리잔, 시트와 베개 위에는 꽃이 놓여 있다. 윌리엄 코덴(아들)이 그린 수채화. 1864년경.

상태에서 차례로 영향력을 되찾고 있었다.

　남편이 건재했을 때 '사적인 상복은 입고 싶은 만큼 길게 입어도 상관없습니다'라고 딸에게 가르쳤던 스스로의 말대로, 그녀는 그 기간을 원하는 만큼 길게 늘였다. 몇 해가 지난 1870년대 경부터, 공식 행사에는 약간 완화해 다이아몬드 등 빛나는 보석과 하얀 레이스 장식, 보라색 드레스 등 자신을 용납할 때도 있었다. 그럼에도 그녀는 남은 생애 40년을 원칙적으로 과부의 복장으로 지냈다.

✿ '칸 로한에서의 점심 식사'. 앉아 있는 사람들 중 왼쪽부터 약혼 중인 앨리스와 헤센 대공자, 렌헨, 앨버트, 빅토리아. 병을 따는 존 글랜트와 킬트 차림의 존 크라운. 1861년 10월에 열린 앨버트 생애 최후의 소풍 정경이나 그의 사후에 사진 등을 기초로 새롭게 그린 것이다. 칼 허그 그림. 1865년.

❖ 남편의 생애를 보존하고 이어받다

앨버트를 잃은 빅토리아의 상처는 깊었고, 평상 생활로 돌아오기에는 시간이 걸렸다. 오랫동안 써왔던 일기도 3일 정도 중단되었다. 세상을 떠난 주의 날들은 몇 번이고 쓰려고 했으나 쓰지 못한 흔적이 있으며, 아마도 마음의 정리가 된 다음에 회상해 적은 것으로 보인다고 한다.

윈저성이나 기타 궁전에서 앨버트가 사용했던 개인실은 그가 마지막으로 약을 먹은 유리잔 등 신변잡기들과 함께 살아 있을 때 그대로의 상태로 보존되게 되었다. 매일 밤 남성 하인이 면도용 뜨거운

물을 가져가고, 타올도 새로운 것으로 바꿨다. 침대에는 신선한 꽃을 놓았다. 이처럼 고인의 방을 생전 그대로 계속해서 보존하는 것은 당시의 관습으로 봤을 때 특별히 희귀한 일은 아니었다.

✤ 성인(聖人)을 추대하는 것처럼 장엄하고 화려한 앨버트 기념비. 켄싱턴 가든에 1872년에 세워진다. 설계자 조지 길버트 스콧이 그린 수채화. 1863년.

앨버트의 추억은 빅토리아에게 신성하며, 영원히 보존해야 할 것이었다. 그가 시작한 선한 일은 이어받아야만 했으며, 그가 완수해낸 위업은 아무리 칭찬해도 부족하다고 생각했다. 그래서 앨버트가 생전에 사랑하며 뒤를 봐주던 예술가들을 불러들여 수많은 새로운 초상화와 조각, 흉상, 기념비 등을 만들어나갔다. 그것은 세상을 떠난 현실의 그와 완전히 똑같은 것이 아니라, 그녀 안의 추억을 기초로 약간 젊게, 아름답고 강한 이상적인 모습의 앨버트 상이었다.

빅토리아는 앨버트가 남긴 대량의 연설문, 편지, 각서에 파묻혀 이것들을 정리해 출판하는 일에 몰두했다. 우선 문필가인 아서 헬프스의 도움을 받아 1862년에 『왕배 전하 주요 연설집』을 간행했다. 1867년엔 남편의 비서관을 맡았던 찰스 그레이에게 자료를 맡겨 꼼꼼하게 감수해 『왕배 전하의 젊은 시대』라는 책을 만들었다. 그리고 시어도어 마틴에게 의뢰해 1874년부터 78년에 걸쳐 5권 완결인 훨씬 중

후한 공식 전기 『왕배 전하의 생애』를 쓰게 했다. 이러한 책은 시중에도 유통되었으나, 호화로운 디자인의 특별판을 만들어 왕궁에 체재하는 요인들에게 선물로 주기도 했다. 앨버트의 위업을 과연 실제로 어느 정도의 사람들이 읽었을 것인지는 알 수 없다.

✤ 찰스 핍스. 육군 중령이었다가 여왕의 시종 무관이 되었으며, 1847년부터 앨버트의 비서관, 그 2년 후부터 왕실 출납 장관이 되었다. 로버트 윌슨 『빅토리아 여왕의 생애와 시대』 제3권.

❖ 여왕 비서관이라는 존재

빅토리아와 아이들에게 둘러싸여 생사를 헤매던 앨버트는 괴롭고 끊어질 것 같은 숨을 내쉬며 왕실 출납 장관(Keeper of the Privy Purse)인 찰스 핍스(Charles Phipps)를 불렀다. 핍스는 앨버트의 손에 키스하고, 다음으로 비서관(Private Secretary)인 찰스 그레이(Charles Grey)와 가정사무관(Master of the Household)인 토머스 비덜프(Thomas Myddelton Biddulph)가 불려왔고, 두 사람도 똑같이 했다. 각각 직

✤ 찰스 그레이. 빅토리아의 즉위 전에 총리를 맡았던 2대 그레이 백작의 차남으로, 그도 서민원 의원과 군인 커리어를 거쳐 앨버트와 빅토리아의 비서관이 되었다. 통칭 '그레이 장군'. 1860년 촬영.

함은 다르지만 앨버트의 일을 공사 모두 계속해서 지원해왔던 세 사람이었다.

앨버트의 사후, 빅토리아는 그레이와 핍스를 실질적인 비서관으로서 계속해서 중용했다. 토머스 비덜프도 가정사무관 일을 계속했다.

1866년 핍스가 세상을 떠나고, 그레이는 비덜프와 공동으로 왕실 출납 장관을 거쳐 67년부터 '여왕 비서관'이라는 명목으로 관직에 정식으로 취임한다. 비덜프는 단독으로 왕실 출납 장관이 되었다. 1870년 그레이도 세상을 떠나자 후임 비서관은 헨리 폰손비가 뒤를 이었다.

✤ 헨리 폰손비(Henry Ponsonby). 그레이의 사후, 1870년부터 1895년에 뇌졸중으로 쓰러질 때까지 여왕 비서관을 맡아 계속해서 왕실에 봉사했다. 1889년 촬영.

빅토리아로서는 앨버트가 최후의 날까지 신뢰했던, 그의 추억을 공유할 수 있는 신하들을 곁에 두고 싶은 마음도 있었을 것이다. 그리고 남편의 죽음에 깊은 상처를 입은 그녀는 한동안 사람들 앞에 나서고 싶지 않다, 사회와 거리를 두고 싶다는 상태에 빠져 의회 개회 연설을 시작으로 하는 공식적인 국사들을 회피했다.

하지만 사회의 움직임에 뒤처지고 싶지는 않았고, 여왕으로서의 일을 완전히 놓아버릴 생각도 없었다. 그런 그녀에게 유능하고 경험이 풍부한, 잘 아는 비서관이나 여관이 정부나 각계각소와의 연락책으로 들어오는 것은 꼭 필요했다. 그녀 자신의 마음의 평온을 위해서는 편리한 체제였으나, 여왕에게 뭔가를 전달하고 싶은 사람에게는 말을 전하기 어려워 곤란한 상황이기도 했던 모양이다.

❖ 존 브라운의 등장

그(존 브라운)는 스코틀랜드에서 내 잡무를 맡았던 사람으로, 굉장히 뒷바라지를 잘해줍니다. 마부(Groom), 풋맨, 시동(Page), 그리고 상의나 숄 등등을 입혀준다는 점에서는 메이드 역할까지 전부 맡아줬다고 할 수 있을지도 모릅니다. 그는 제 조랑말의 고삐를 끌어주었고, 그리고 밖에서는 항상 함께해줍니다. 이처럼 선량하고, 도움이 되고, 충실하며, 마음을 담아 봉사하는 하인은 다른 어떤 관(館)에서도 찾지 못했습니다.
-레오폴드에게 보낸 편지(1861년 10월 21일)

생전의 앨버트와 함께 보냈던 최후의 밸모럴성 체재 후에 적은 편지이다. 존 브라운은 1851년 밸모럴에서 조랑말을 끄는 하인으로 왕실에 고용되었으며, 1858년에는 앨버트 개인 직속 수렵 안내 담당(Gillie)이 되었다. 원래 앨버트가 인정한 하인이었기에, 비서관 그레이나 핍스, 그리고 생전에 뒤를 봐주던 화가나 조각가들과 마찬가지로 빅토리아에게는 세상을 떠난 남편의 보증이 붙은 안심감이 있었던 것으로 보인다.

✤ 하일랜드에서 앨버트의 개인 수렵 안내원을 맡았던 시절의 존 브라운. 1860년경.

그리고 앨버트의 사후, 존 브라운은 순식간에 여왕에게는 빼놓을 수 없는 존재가 되어갔다. 마차 사고가 있었을 때는 신속하게 빅토리아를 구출했다. 1864년 10월, 좀 더 운동을 하는 것이 좋겠다고 의사에게 충고를 들은 빅토리아는 브라운을 밸모럴에서 오즈본 하우스로 불러 조랑말로 외출하는 그녀와 함께 다니는 임무를 부여했다. 브라운은 마차로 하는 외출 때도 대동했으며, 개를 돌보기도 하고, 무엇보다도 그녀의 안전과 쾌적함을 최우선으로 생각해 신경을 썼다.

1865년, 브라운이 주위로부터 미움을 사고 있다는 것을 알게 된 빅토리아는 계도(系圖)학자를 고용해 먼 과거로 거슬러올라가 가게도를 조사하게 했다. 하일랜드의 퍼커슨 일족과의 연결고리를 발견

해 만족한 여왕은 브라운에게 문장 사용을 허가하고 항상적인 여왕의 개인 직속 하인으로 발탁했다. 급료는 연봉 120파운드였다. 그리고 1872년에는 작위는 아니지만 신사의 신분을 나타내는 '에스콰이어(Esquire)'의 칭호를 사용하는 것을 허가했으며, 연 400파운드로 급료를 올려주었다. 아마도 이런 취급이 더더욱 질투와 불신을 초래해 그걸 알게 된 여왕은 그를 가내 최상위 하인으로서 정중하게 대하도록 요구했고, 그것이 또다시 주위의 혐오를 재촉하는… 그런 악순환이 있었음은 상상하기 어렵지 않다.

빅토리아는 하일랜드인 특유의 좋은 점으로, 브라운의 솔직함과 현명함, 쾌활하고 활기차다는 점, 기억력, 배려, 입이 무거움 등을 입에 침이 마르도록 칭찬했다. 물론 핸섬한 외모와 위험에서 지켜주는 든든한 양팔, 그리고 자신의 몸을 버리면서까지 끝까지 전력을 다하는 충성심을 무엇보다도 좋아했다.

하지만 여왕의 아이들이나 다른 하인의 평가는 달랐다. 여왕에게는 매력적으로 보이던 솔직함은 버릇이 없음으로, 남자다움은 무례함으로 받아들였으며, 신하나 가족들을 적대하면서까지 여왕을 지키려 하는 그에게는 증오의 감정이 쏟아졌다.

브라운은 생애 내내 술을 너무 많이 마시는 경향이 있었다. 앨버트가 목숨을 부지하던 1860년에는 만취해 급사 일이 불가능한 추태를 범했다. 하지만 빅토리아는 하인의 음주 문제를 전반적으로 관대하게 눈감아주고 있었다. 빅토리아 자신이 홍차보다도 알코올을 좋아했으며, 하일랜드에서 스카치 위스키의 매력을 깨달았다는 경위도 있다. 브라운은 1883년에 56세의 나이로 단독(丹毒, 세균에 감염되어 피부가 빨갛게 부어오르는 피부질환-역주)으로 세상을 떠나는데, 음주 습관도 병을 조장했던 모양이다.

빅토리아는 브라운의 죽음에 탄식했고, 위령비를 세우게 하고 거기 덧붙일 문구를 계관시인(桂冠詩人, Poet Laureate, 영국 왕실이 영국에서 가장 뛰어난 시인에게 내리던 칭호-역주) 앨프리드 테니슨이 고르게 했다. 그리고 1884년경 브라운이 쓰던 일기와 편지 등을 기반으로 그의 전기를 출판하기로 계획한다. 하지만 비서관 헨리 폰손비를 비롯한 측근들이 초고를 읽고 그 내용에 당황해 강경하게 반대함으로써 그녀는 발표를 포기했다. 그리고 브라운의 초상화나 조각상, 추억의 물건, 편지 등의 대부분은 여왕의 사후 아들인 버티에 의해 신속하게 폐기되었다.

자신에 대한 헌신을 높이 평가하고, 남성미에 만족했으며, 초상화나 조각상을 만들게 하고, 죽은 후에는 전기를 쓰게 만드는 등 빅토리아의 존 브라운에 대한 마음을 표시하는 방식에는 세상을 떠난 남편 앨버트에 대한 태도와 겹치는 부분이 많다. 두 사람은 신분에 차이가 나는 연인 사이였던 것일까? 이 의문에 대해서는 전기 작가나 역사가들 사이에서도 의견이 갈린다.

✧ 군주제 폐지론

처음에는 불쌍한 과부로서 동정을 모았던 빅토리아였지만, 세상일에서 물러난 상태로 2년 이상이 경과하자 군주로서의 의무를 잊었다는 비판이 일기 시작했다. 1860년대 후반에 걸쳐, '그녀가 방치한 옥좌에 앉은 것은 존 브라운 씨가 틀림없다', '그녀는 지금은 이미 브라운 부인이다'라며 공격하는 책자와 풍자 만화, 신문 기사 등이 돌아다니게 되었다. 1866년경, 두 사람이 극비에 결혼해 아이까지 있다는 소문이 스위스에서 보도되자 영국 대사가 이에 항의하는 일도 있었다.

1870년 보불 전쟁(普佛戰爭, the Franco-Prussian War, 프로이센·프랑스 전쟁-역주)에서 나폴레옹 3세가 비스마르크 총리의 프로이센에 패배하고, 프랑스 제정은 붕괴해 공화국으로 옮겨갔다. 바다 건너의 분위기에 영향을 받아 영국도 군주제를 폐지하고 공화제로 바꾸는 편이 좋은 게 아닌가 하는 의견이 증가한다. '여왕은 은둔해서 일도 하지 않는 것처럼 보이는데, 계속해서 왕자와 왕녀를 결혼시키기 위해 나라의 돈만 가져간다', '애초에 여자가 왕인 건 부자연스러운 상태

이기 때문에 빅토리아는 남자 후계자에게 왕위를 양도하고 이만 은
퇴해야만 한다'는 목소리도 들려왔다.

1872년 아일랜드 독립 운동가인 죄수의 해방을 바라는 17세 소년
아서 오코너가 총을 들고 버킹엄 궁전 앞에서 여왕을 습격했을 때,

✤ 버티가 앨버트와 마찬가지로 중병에 걸렸다가 회복한 것을 감사하는 예배 날의 빅토리
아. 『일러스트레이티드 런던 뉴스』 1872년 3월 9일.

브라운이 제압한 사건이 있었다. 이것은 왕세자 버티가 아버지와 마찬가지로 장티푸스에 걸려 목숨이 위험했다가 간신히 회복한 것을 감사해 열린 예배 2일 후에 일어난 사건이었다.

습격 사건은 그녀의 일생 동안 끊임이 없었다. 맞고 피를 흘리거나, 종이 한 장 차이로 재앙을 피하거나, 아니면 가족이 불행에 처하거나 하면 국민의 동정과 의분을 샀으며, 여왕의 인기는 극히 일시적이지만 상승한다. 이때 빅토리아의 인기는 급격히 회복되었고, 여왕에 대한 비판도 잦아들었다.

❖ '브라운 부인'의 진실

빅토리아와 존 브라운이 부부나 다름없는 사이였다는 설의 근거로 거론되는 것은 '사이가 굉장히 좋은 모습을 멀리서 봤다'라는 증언이나 왕궁에서 '여왕의 종마'라 불린다는 점, 딸들이 '엄마의 정부'라 부른다는 등의 소문, 여왕이 세상을 떠나면 관에 브라운의 머리카락과 사진, 브라운의 어머니의 결혼반지 등을 '가족들 몰래 은밀하게' 집어넣게 했다는 일화 등이다. 대부분이 누군가에게 들은 간접적 증거이다.

'새로운 단서'는 사실 조금씩 정기적으로 발굴되고 있긴 하지만, 그럼에도 전부를 확실하게 알 수 있는 날은 오지 않을지도 모른다. 그저 느낄 수 있는 것은 아이들도, 유능한 비서나 여관, 메이드라 해도

그녀에겐 부족했다는 것이다. 자신의 인생을 전부 희생해서 쉬지도 않고 24시간 365일 헌신하며 무조건으로 내 편이 되고, 적에게서 지켜줄 강함을 겸비한 누군가—그것도 가능하면 자기 취향의 핸섬한 외모와 육체를 지닌 남성이 그때의 빅토리아에게 필요했던 것이 아닐까.

앨버트가 주었던 것 같은, 지성이나 예술적인 센스나 정치·외교상의 어드바이스는 존 브라운에게는 바라지 않았다. 1870년대 전후부터 세기말에 걸쳐 그곳에는 '대영제국'의 번영을 연출한 정치가들이 있었기 때문이다.

1861년의 디테일

아침 7시, 의상 담당(Wardrobe) 메이드가 찾아와 셔터를 열고, 보통은 창문도 연다. 대체로 항상 남편(Prince)은 이때 일어났다. 그는 길고 하얀 잠옷을 입고 잤다. 양발을 감싸는, 작은 아기가 입는 옷 같았다….

남편이 자신의 방으로 가면, 겨울이라면 이미 난로가 켜져 있고, 그가 독일에서 가져온 녹색 램프에 불이 켜져 있었다. 우리는 어느 저택에 있을 때도 가로로 2개를 연결한 테이블을 내 개인실에 두었다(그리고 앞으로도 계속 이렇게 할 생각이다). 여기서 편지를 쓰고, 읽고, 여러 가지 일을 했다.

8시가 조금 지나거나, 때로는 그보다 약간 전후의 시간에 그가 나를 깨우러 왔다. 그는 자주 자신에게 온 편지(영어로 된 것)를 가져와서 내게 보라고 했다….

그가 준비가 아직 되지 않았을 때는—대부분 베이비(베아트리스 왕녀)가 탈의실로 가서 그가 함께 나올 때까지 방해를 했다. 베이비에게 손을 이끌려 복도를 걸어가는 그의 얼굴은 천사 같았다…. 작고 귀여운 베이비는 그가 옷을 갈아입는 걸 보는 걸 무척 좋아했고, 방에 왔을 때 이미 옷을 다 갈아입어버렸다면 사랑스러운 앨버트는 크게 웃음을 터뜨렸다. '불쌍하게도!'라면서.

그는 일주일에 세 번이나 네 번은 총 사냥(Shooting)을, 일주일에 한 번은 사냥(Hunt)을 나갔다. 무척이나 빠르게 걸었고, 점심 식사를 하면서 일을 했다….

❀ 버킹엄 궁전의 앨버트의 탈의실. 책장이나 책상이 있는 서재는 따로 있었는데, 여기에도 글을 쓸 수 있는 책상이 있고 책이 쌓여 있어 일 중독임이 전해진다. 빅토리아의 평생 동안 그가 죽었을 때의 상태 그대로 배치되어 있었다.

젠너 의사는 그가 점심 식사 양을 줄이는 편이 좋겠다고 했다. 차가운 고기 조금과 과자나 과일을 조금 먹고, 붉은 와인을 좀 더 마시는 편이 좋다고.

외출할 때도, 돌아왔을 때도, 내 방을 통해 내 탈의실로 와주었다.—그 아름다운 얼굴에 미소를 띤, 사랑스럽고 사랑스러운 천사….

나의 천사는 조끼 아래에 항상 가터 훈장의 블루 리본을 달았는데, 무척이나 멋지게 보였다….

조식과 중식 때, 그리고 가족들끼리만 있는 석식 자리에서도 그는 테이블 끝자리에 앉아 흥미로운 대화를 유도하고, 어렸을

적 얘기나 고향 사람들, 스코틀랜드의 선량한 영주민 등 사랑
스럽고 재미난 이야기로 우리에게 활기를 주었다. 재밌는 이야
기는 끊이지 않았고, 그는 진심으로 웃었다. 능숙하게 흉내를
섞어가면서 되풀이해서 얘기해주었다….

　어린아이들이 먹을 때 매너가 나쁠 경우에는 그는 항상 제대
로 고쳐주었다. 애정을 담은 그런 교육이 항상 효과를 보였고,
그가 한마디만 해도 어린아이들은 바로 따랐다.

　-빅토리아에 의한 각서(1862년 1월)

　이것은 남편을 잃고 2주일 정도의 시간 동안, 아무런 일도 없는 평
범한 날을 되돌아보며 쓴 묘사이다. 잊게 되는 것을 두려워하듯, 회
상은 세부까지 깊이 파고들었다. 잃어버린 일상은 그녀에게는 그저
아름다울 뿐이었다.

1890년대의 식생활

　추억 필터를 통한 그녀의 주관이 아니라, 그것을 옆에서 보았던 여
관의 시점에서 조금 후의 시대의 그녀의 식생활을 재구성해보자.

　1887년부터 1901년까지, 단속적으로 여관을 맡았던 마리 맬릿의
후년의 회상에 의하면, 식사 시간과 그 내용은 다음과 같았다.

오전 9시 30분	조식
오후 2시	중식
오후 5시 30분	홍차
오후 8시 30분	석식

여왕의 석식은 오후 8시 45분 예정돼 있었으나, 9시 15분부터 되는 일도 자주 있었다. 그녀의 식사는 심플했는데, 수프, 생선, 차가운 서로인 비프, 과자와 과일로 구성되었다.

여왕의 석식은 30분 정도면 끝났다. 급사는 매우 재빨랐기에, 나(마리)나 글래드스턴 씨(총리)처럼 먹는 속도가 느린 사람은 1인분의 양을 다 먹을 수가 없었다. 자신의 식욕을 채우기 위해 새처럼 쪼아 먹는 정도가 최선이었으며, 훌륭한 요리도 그렇게 계속 나오면 즐길 수가 없었다.

킬트를 입은 여왕의 백파이프 연주자 캠블이 붉은 와인과 셰리(Sherry, 스페인에서 양조되는 백포도주-역주)를 따르고, 샴페인은 집사가 따랐다. 인도인 급사가 고양이 같은 동작으로 달콤한 과자를 나누어주었는데, 그들은 어떤 손님이 어떤 초콜릿이나 비스킷을 좋아하는지 절대로 잊지 않았고, 집기 편하도록 접시를 돌려서 내밀었다.

-빅터 맬릿 편집 『빅토리아 여왕과의 생활』(1968년)

빅토리아의 먹는 스피드가 남들보다 굉장히 빨랐다는 것은 수많은 증언에 남아 있다. 그녀가 다 먹었다고 판단되면, 에티켓상 다른 사람의 요리도 같이 물려버리고 말았다. 얘기에 푹 빠지기 쉬운 정치가나 단순히 먹는 게 느린 사람은 페이스에 따라가는 것이 무척이나 힘들었다. 빨리 먹는 건 건강에 좋지 않다는 조언은 어렸을 때부터 있었으며, 분위기를 파악하지 못하고 치우려는 자신의 접시를 멈추고 돌려놓게 한 용감한 사람도 있었다. 하지만 그럼에도 그녀의 식습관은 달라지지 않았다. 어쩌면 한시라도 빨리 너무나도 좋아하는 마지막 과일에 도착하고 싶었던 건 아닌가 하고 그릇된 의심을 하고 싶어진다.

제**8**장
제국의 영광

1868~1899

❖ 디즈레일리와 글래드스턴

디즈레일리(Disraeli, 다른 이름은 디지. 대장경[大蔵卿], 영국의 재무부 고관-역주) 씨는 서민원의 상황에 대해 무척이나 재미있는 보고서를 써주었습니다.—그의 책과 똑같은 문체입니다.
-빅토리아가 레오폴드 왕에게 보낸 편지(1852년 3월 30일)

이번 총리는 잘해내리라 생각합니다. 특별히 충실하고, 무슨일이든 제가 만족할 수 있게 해줍니다. 굉장히 특이한 사람이지만, 현명하고 양식도 있으며, 무척이나 온화한 모습입니다.
-빅토리아가 장녀에게 보낸 편지(1868년 2월 29일)

그는 시와 로맨스와 기사도 정신으로 가득합니다. 그는 무릎을 꿇고 저의 손을 양손으로 잡고, 키스를 하고, '사랑과 충성과 신뢰로 (모시겠습니다)'라고 했습니다.
-빅토리아가 장녀에게 보낸 편지(1868년 3월 4일)

빅토리아가 '브라운 부인'이라 불리며 세간으로부터 조소를 받고 있을 때, 보수당의 벤저민 디즈레일리가 총리로 임명받기 위해 오즈본 하우스를 찾아왔다. 디즈레일리는 유대계 집안에서 태어나 수많은 연상 여인과 염문을 뿌렸으며, 젊었을 때는 특이한 복장의 댄디로 알려진 소설가이기도 했다. 그러한 배경을 지닌 그는 전통적인 지주, 잉글랜드의 귀족이 점거한 정치가들 사이에서는 이단이었을 것

✤ 1877년 빅토리아가 디즈레일리의
저택 휴헨덴(Hughenden)을 방문했을 때
철도역에서의 장면. 『빅토리아 여왕의
개인적인 생활』 1896년.

이다. 하지만 연설이나 문장 등으로 인심을 끌어모으며 기어 올라왔
다. 그리고 화려한 제국주의 정책으로 정치가의 정점을 찍는다.

옛날 앨버트가 생전에 신뢰했던 필 총리와 대립해 당을 분열시켰
던 일 때문에 빅토리아는 처음에는 디즈레일리를 의심의 눈초리로
보았다. 하지만 총리로서 인사를 받고, 말이나 편지를 빈번히 주고
받게 되자 경계심은 날아가버리고 말았다. 위의 편지는 날짜로 보아
겨우 며칠의 대화만으로 매료되었음을 알 수 있다. 이전부터 그런

조짐은 있었다. 1861년 앨버트가 세상을 떠났을 때, 남편의 인격과 업적에 대해 그녀를 만족시킬 수 있도록 공을 들여 칭찬하는 연설을 해준 것이 그였기 때문이다.

디즈레일리는 빅토리아를 '요정(The Fairy)'이라 부르기도 했고, '티타니아 여왕'으로 비유하는 등 읽으면 즐거운 로맨틱한 편지를 보냈다. 작가가 화려한 단어들로 자아내는 공상의 세계에 자신의 존재가 포함되는 것은 즐거웠을 것이다. 사랑하는 사람을 잃고, 왕세자와의 관계는 안 좋고, 자신으로서는 당연한 권리를 행사하는 것임에도 국민들에게는 미움을 받았다. 그 시기의 그녀에게는 분명히 달콤하고 편안한 세계였을 것이다.

❖ 양극단이었던 두 사람의 총리

1868년 보수당 내각은 10개월이라는 단명으로 끝났고, 다음 총리로는 자유당의 윌리엄 글래드스턴이 지명되었다. '인민의 윌리엄'이라고도 불렸던, 디즈레일리와는 인격도 정책도 대조적인 정치가였다. 그 두 사람이 정권을 다투며 교대를 반복하면서, 소위 말하는 '영국의 2대 정당제'가 확립된다. 디즈레일리와 접근하면 할수록 빅토리아는 글래드스턴이 굉장히 싫어졌다.

작가의 재능을 지닌 디즈레일리와는 달리 글래드스턴의 서류는 장황하고 읽기 어려웠다. 내정에서는 두 사람 모두 국민의 권리를

❖ 벤저민 디즈레일리 비컨즈필드 백작
(Benjamin Disraeli Beaconsfield, 1804~1881)
영국 총리. 존 에버렛 미레이가 그린 초상
화. 1881년.

❖ 윌리엄 유어트 글래드스턴(William Ew-
art Gladstone, 1809~1898) 영국 총리. 미레이
그림. 1879년

확대하는 개혁을 추진했지만, 글래드스턴의 민주주의 사상과 아일
랜드 자치에 대한 집착이 마음에 들지 않아 빅토리아는 일기나 편지
에서 그를 계속해서 '미친 사람'이라 불렀다. 외교 방침은 완전히 정
반대였다. 대영제국의 위신을 중시하고 식민지 확대 정책을 강력히
밀어붙이는 디즈레일리에 반해, 글래드스턴은 현지의 군대를 축소
하려는 실책을 초래했다.

한쪽의 좋아하는 점은 다른 한쪽의 싫어하는 점이었다. 상대가 좋
기 때문에 정책에 찬성하는 건지, 생각이 일치하기에 그 사람이 좋아
진 걸까. 아마도 양쪽 모두일 것이며, 이런 모든 것이 극단적으로 달
랐던 두 사람이 있었기에 사랑도 혐오도 더더욱 강해졌을 것이다.

❖ 제국의 빅토리아

제2차 디즈레일리 내각은 1874~80년. 두 번째로 총리를 맡은 이때 디즈레일리는 빅토리아의 내재된 애국심과 제국주의적인 성질을 끌어내 개화시키려는 듯한 시책을 차례로 바쳤다.

> 디즈레일리 씨에게 무척 중요한 보고가 든 송달상자를 받았다. 영국 정부가 수에즈 운하 주식의 이집트 태수 소유분을 400만 파운드에 구입했고, 이 때문에 인도로 가는 길이 완전해져 우리의 지위가 평안해졌다! 멋진 일이다. 이것은 완전히 디즈레일리 씨의 공적이다. 겨우 3일인가 4일 정도 전에 거래에 대해 듣고, 나는 얘기를 진행하면 좋겠다고 그에게 막 말했을 뿐인데, 그때는 과연 실현될까 생각했었는데, 오늘 이미 모든 것이 만족스러운 결과로 끝났을 줄이야.
> -빅토리아의 일기(1875년 11월 24일)

1869년 개통된 스에즈 운하는 영국과 유럽에서 우회하지 않고 인도 방면으로 통과할 수 있는 루트로, 바다 교통을 대폭으로 단축할 수 있다. 구입 비용은 정부가 무단으로 로스차일드 남작에게 저금리로 빌렸다. 이 일은 정적인 글래드스턴에게 강하게 비판받게 되지만, 위의 일기에서 볼 수 있는 것처럼 대국인 영국의 지위가 확보될 것 같은 전망에 여왕은 완전히 만족했다.

또 하나는 빅토리아에게 '인도 여제(Empress of India)'의 칭호를 부

✤ 1884년, 수단의 반란에 파견되어 농성하던 찰스 고든 장군. 글래드스턴은 당초에는 구원군 파병 요구를 거부했으나 영웅을 구출하라는 여왕과 여론의 압박에 못 이겨 결국은 구원군을 보내게 된다. 하지만 이미 늦어서 장군은 살해당했다. 이 사건으로 글래드스턴에게 비난이 날아들었고, 총리의 자리에서 쫓겨나게 된다. 조지 W. 조이 그림『고든 장군의 최후』 1893년경.

✤ 1878년 베를린 회의 성과인 조약 문서를 가지고 돌아와 빅토리아에게 바친 벤저민 디즈레일리. 비스마르크 등 유럽의 각국 대표와의 교섭으로 러시아와의 직접 대결을 피해 키프로스의 통치권을 획득해왔다. '명예로운 평화'. 시어도어 브레이크 와그먼 그림.

여하는 법률을 만들었다는 점이다. 남편 앨버트의 서열이 문제가 되었을 때와 마찬가지로, 그저 여왕이나 왕으로는 러시아나 오스트리아, 그리고 1871년부터 통합을 성립한 독일 제국 등이 쓰는 황제나 황비보다도 국제적으로 지위가 아래가 될 가능성이 있다. 이것을 그녀는 신경 쓰고 있었다. 이러한 '왕족 칭호 법안' 또한 자유당의 한쪽 방면으로부터 비판을 받았고, 의회를 통과하는 데 어려움이 있었으나 1875년 성립했다. 이후 그녀는 서류나 편지에 매우 기뻐하며 '빅토리아 R&I(여왕이자 여제 Regina et Imperatrix)'라고 서명하게 된다.

디즈레일리는 '부정하지 않고, 반대하지 않고, 때때로 잊는다'는 방침으로 여왕을 대했다고 한다.
여왕은 그게 마음에 들었고, 조
금씩 공적인 일에 복귀하게 되었
다. 정치나 외교에도 이전보다
도 훨씬 적극적으로—라기보다
는 총리와 외상을 고민하게 만들
기세로—의견을 내게 된다.

예를 들어 1877년에 시작된 러
시아와 오스만 제국의 노토전쟁
(제6차 러시아·튀르크전쟁) 때는 남
하와 확대를 노리는 러시아에 대
한 대항 의식으로 영국도 참전해
야 한다며 화살처럼 재촉을 되풀
이했다.

❀각본가로 분한 두 사람이 극장 지
배인에게 이번 분기의 자신작을 권한
다. 글래드스턴 씨 "굉장히 시리어스
하고 감정을 자극하는 듯한 작품으로
갈까 하오". 디즈레일리 씨 "대중 가극
으로 아주 좋은 아이디어가 있지만 아
직 플롯이 다 정해지지 않아서요." 존
테니얼 그림. 『펀치』 1874년 1월 3일.

자유주의자인 레오폴드나 앨버트에게 공감을 품었던 것과는 반
대로, 지금의 그녀는 디즈레일리의 보수 사상에 완전히 동조된 상태
였다. 그렇다기보다 사랑하는 사람을 가볍게 취급했다고 느꼈을 때
의 격렬한 감정은 젊은 시절과 별로 달라지지 않았다고도 할 수 있
다. 대상이 배우자에서 나라로 바뀌었을 뿐이다. 사랑, 경의, 왕으로
서의 권위, 남편과 자식의 지위, 제국의 위신, 그리고 영국의 식민지.
이 모든 것들 중에서 자신의 소유물이라 생각했던 것을 빼앗길 것 같
게 되자, 아니면 오래된 구조 그 자체가 파괴될지도 모른다고 느끼
자, 견딜 수 없을 만큼의 분노가 솟아났던 것이 아닐까.

✤ (위) 디즈레일리가 빅토리아에게 '인도'라 적힌 동양풍 사원의 지붕과도 비슷한 '새로운 왕관'을 '낡은 왕관'과 바꾸자며 유혹한다. 테니엘 그림. 『펀치』 1876년 4월 15일.

✤ (아래) '새로운 왕관'을 쓴 여왕이 디즈레일리에게 귀족의 관, 백작 작위를 수여한다. "감사합니다 폐하. 좀 더 전에 받았으면 좋았을지도 모르지만, 이것 또한 저의 노력에 어울리는 상이로군요." 『펀치』 1876년 8월 26일.

체제 유지를 기본으로 하는 보수주의자라 해도, 사랑하는 사람을 위해 관례를 굽히는 것에 전혀 주저하지 않았다. 디즈레일리가 첫 번째 총리를 사임할 때, 빅토리아는 관례에 따라 작위를 수여하려 했으나 그는 거절했다. 귀족이 되면 그다음은 서민원에서 귀족원으로 옮겨야만 한다. 다시 복귀할 생각으로 가득했던 디즈레일리는 실질적인 의논이 벌어지는 서민원에 머물고 싶었다. 대신 아내인 메어리 앤에게 작위를 내려주길 부탁했고, 빅토리아는 기꺼이 응했다. 귀족 부인으로서가 아니라, 여성 자신에 대해 작위가 수여되는 일은 남성에 비해 드물었으나, 1868년 11월 말일을 기해 디즈레일리 부인은 비컨즈필드 여성 자작이 되었다.

본인이 비컨즈필드 백작 작위를 받아들여 귀족원으로 자리를 옮긴 것은 이로부터 8년 후의 일이었다.

1881년 총리에서 물러나고 얼마

✤ 예배를 위해 런던의 중심부, 리젠트 스트리트로 가는 여왕의 마차. 번화가에는 축복의 메시지가 장식되었으며, 길 좌우에는 즉석에서 자리가 만들어져 사람들이 환호했다. 『일러스트레이티드 런던 뉴스』 1887년 6월 25일.

되지 않아 디즈레일리는 런던의 자택에서 세상을 떠난다. 빅토리아는 깊이 추도했고, 장례에는 당시의 관습에 따라 참석하지 않았지만 그가 좋아하던 앵초(Primrose) 꽃을 오즈본에서 보냈다. 일주일 후, 전원 저택 휴헨덴에 다시 인사하러 갔다.

　디즈레일리는 그녀의 제국 의식을 각성시키고, 인기가 없고 은둔해 있던 여왕을 대영제국의 상징으로까지 끌어올리는 길을 만들었다고 할 수 있다. 절정의 시작이 된 축제가 즉위 50년 기념제(Golden Jubilee)였다.

❖ 즉위 50년 기념제 골든 주빌리

　아침 날씨는 훌륭하게 맑았고, 공기는 신선했다. 이른 아침부터 군악대가 연주를 하면서 지나갔고, 곧이어 환호성이 울리는 것이 들렸다…. 밝은 활기로 가득해 만국박람회 개회식이 떠올랐다. 그날도 무척이나 맑았다. 수많은 아름다운 꽃다발과 선물을 받았다. 조식을 먹은 식당을 나서자 코노트 공작 가문의 아이들과 프로이센의 어린 윌리(장녀 비키의 손자 빌헬름)와 만났다. 귀여운 작은 남자아이다. 그리고 옷을 갈아입고, 하얀 알랑송 레이스와 다이아몬드 오너먼트를 장식한 보닛, 진주 목걸이를 했다. 모두가 내가 선택한 것이다.

　11시 30분, 버킹엄 궁전을 출발해 나는 6마리의 크림색 말이 끄는 금박을 입힌 예쁜 뚜껑 없는 사륜마차(Landau)에 비키, 알릭스(버티의 비 알렉산드라)와 타고, 알릭스가 반대 방향 좌석에 앉았다. 내 마차의 바로 앞에는 12명의 인도인 기마병이 나아갔고, 그들의 앞에는 나의 세 아들, 5명의 양아들, 9명의 손자와 한 명의 양손자가 있었다.

　-빅토리아의 일기(1887년 6월 21일)

　빅토리아의 즉위로부터 50년을 축하하는 이날, 전 세계에서 '내 아들, 양아들, 손자, 양손자, 내 딸, 손녀, 양손녀'가 모였다. 기마대를 대동하고 군복과 드레스 차림의 사람들을 태운 현란한 마차와 승마 행렬이 사람들의 환호 속에서 버킹엄 궁전에서 웨스트민스터 사원

✤ 웨스트민스터 사원에서 즉위 50주년 감사 예배를 한 후 옥좌에서 딸들에게 키스와 포옹을 해주는 모습. 『빅토리아 여왕의 개인적인 생활』. 1896년.

까지 나아갔다. 49년 전의 대관식이 그녀의 가슴에 떠올랐다. 세상을 떠난 앨버트가 작곡한 성가가 흐르고, 예배에 참석하고, 그리고 '아들, 양아들… 양손녀'들이 차례로 나아가 빅토리아에게 인사를 올리며 손에 키스를 했다. 그녀는 남자에게는 키스를 해주었고, 여자에게는 거기에 각각 포옹을 더했다. 그리고 돌아갈 때는 런던의 번화가를 올 때와는 다른 길로, 사람들의 환호를 들으며 나아갔다.

✤ 1887년 6월 21일. 즉위 50주년 기념 버킹엄 궁전의 축하연. 로버트 테일러 프리쳇 그림. 1887년.

2시 45분경 궁전에 다시 돌아왔다. 여자에겐 주빌리 기념 브로치를, 남자에게는 핀을 주었으며, 잠시 발코니에서 해군 병사들의 행진을 바라본 후 4시경에는 드디어 점심을 먹었다.

아이들 일동에게 기념으로 아름다운 접시를 받고, 피로 때문에 힘들어하면서도 온 나라에서 도착한 축전을 읽었다. 그리고 밤에는 외국 왕실을 초대한 연회. 그녀는 은색 실과 다이아몬드로 잉글랜드의 장미, 스코틀랜드의 엉겅퀴, 그리고 아일랜드의 세 잎 클로버를 자수한 드레스를 입고 임했다. 다음 날에는 하이드 파크에서 3만 명 가까운 가난한 아이들에게 여왕의 초상화가 그려진 머그컵과 과자 빵과 우유를 주는 행사. 그로부터 4주 동안은 사교 모임, 원유회, 열병식

❧ 지붕 없는 마차에서 친히 소녀에게 주빌리 기념 머그를 주는 빅토리아. 『빅토리아 여왕의 개인적인 생활』 1896년.

❧ 하이드 파크에서 3만 명의 아이에게 준 머그 컵. 즉위 당시와 50주년의 여왕의 초상화가 그려져 있다. 『일러스트레이티드 런던 뉴스』 1887년 6월 25일.

✤ 6월 29일에 버킹엄 궁전 정원에서 시행된 즉위 50주년 기념 가든 파티. 빅토리아는 지팡이를 짚고 잔디 위를 걸으며 인사를 받았다. 『V.R.I.』 1901년.

등이 계속되었다. 너무나도 지쳐 오즈본 하우스로 돌아온 그녀에게는 7월 27일 스핏헤드(Spithead)에서 135척의 군함이 펼치는 관함식이 기다리고 있었다.

즉위 50주년 기념제—골든 주빌리는 유럽 각지에 흩어진(그리고 군무에 임한 왕자들은 인도와 아프리카 등 더 멀리까지 가 있었다) 수많은 가족이 그녀가 있는 곳으로 모여 축하하는 날이 되었다. 9년 전, 기이하게도 앨버트와 같은 날에 디프테리아로 세상을 떠난 앨리스 왕녀나, 3년 전에 혈우병으로 세상을 떠난 레오폴드 왕자의 모습은 없었으나, 살아 있는 자손만으로도 30명이 넘었다.

대가족에 둘러싸인 그녀의 모습은 주빌리를 기념하는 다양한 회화나 판화에 묘사돼 있다. 그것은 세계에 뿌리를 내리고, 무성하게 우

✤ 빅토리아와 아들, 딸, 손자, 부인과 조카들. 그림 속에는 그녀의 가족이 50명 이상 그려져 있다. 라우리츠 툭센(Laurits Tuxen) 그림. 1887년.

거지고, 침식해가는 대영제국의 이미지와도 겹쳐볼 수 있을 것이다. 그림이나 사진에 찍힌 그녀는 진지하고 엄숙해 보였지만, 전체적으로는 여성스러운 둥근 느낌이 나면서 온화하게 보이기도 했고, 어린 딸과 자식, 손자들을 인도하는 자로서의 안정감을 나타내고 있었다.

가족 이외에도 무수한 숫자의 전 세계의 왕족, 군주들이 직접적인 인연이 있는지 없는지를 가리지 않고 축하를 위해 모였다. 유럽의 백인만이 아니라 아시아에서도 페르시아(이란), 샴(타이), 청국, 그리고 일본에서도 왕족과 황족이, 그리고 하와이에서는 국왕 대신 카피오라니 왕비와 리리워카라니 왕녀가 파견되었다.

당시 일반적인 영국 남녀와는 명백하게 다른 복장과 피부색이 다른 아시아나 아프리카 왕족들이 예를 다해 영국의 '여왕이자 여제'에게 인사하는 모습이 보도되면, 그것은 대영제국의 영향력과 넓이를 과시하기 아주 좋은 선전 재료가 된다. 주빌리의 이런 측면은 10년 후인 60주년 기념제(Diamond Jubilee)에서 더더욱 강조되어 되풀이하게 되었다.

❖ 인도인 하인 '문시(Munshi)'

골든 주빌리 때, 유난히 주목을 모았던 외국 왕족이라면 눈부시게 아름다운 민족의상을 입은 인도의 왕자들이었다. 지역별로 번왕이나 지배 계급을 자인하는 사람 숫자도 많았던 인도에서, 빈객을 초대하는 일은 영국 내무성과 인도 식민지 총독이 심혈을 기울여 선택했다. 가능한 한 신분이 높고, 용모가 수려하며, 가능하면 영어를 할 줄 알고, 커플 단위로 비도 동행하고, 거창하게 차려입고 하인도 데리고 갈 수 있는⋯ 이러한, 영국인이 품은 인도의 환상에 어울리는 사람을 원했다. 하지만 힌두교도에게는 바다를 건너면 신분을 잃는다는 금기도 있었기에 난항을 겪었다. 여왕은 서양의 옷이 아니라 인도 복장을 보여줄 것을 굉장히 바랐다. 최종적으로, 영국에서 교육을 받고 서양 문화에 익숙하며, 미남·미녀의 조합인 쿠치 비하르 번왕 부부를 시작으로, 몇 쌍의 인도 번왕들이 전통 의상을 입고 윈저와 오즈본을 방문해 여왕에게 인사했다.

비슷한 시기에 빅토리아는 인도인 하인을 가까이 두기를 바랐으

며, 주빌리를 기회로 2명의 인도
인을 여왕의 급사로 채용하게 되
었다. 1887년 6월 23일, 마호메
트 바쿠시와 압둘 카림이 윈저성
으로 찾아왔다. 두 사람은 인사
로 여왕의 '발에 키스를 했다'.

빅토리아는 두 사람의 인도인
을 스코틀랜드의 밸모럴성으로
데려가는 한편, 신하들에게 너무
세세한 건 아닌가 싶을 정도의
지시를 내렸다. 하루의 스케줄과
근무할 때의 복장을 정하고, 따
뜻한 인도와의 기온 차이로 컨디
션이 망가지지 않도록 두꺼운 속
옷을 준비하게 했으며, 이슬람
교도이므로 식생활의 금기에 신

✤ 영국령 인도의 잔시(Jhansi)에서
1863년에 태어난 압둘 카림. 빅토리
아를 모신 지 1년 정도 만에 가사 잡
무를 면제받고, 신사 취급의 '교사'가
되었다. 단 여왕을 제외한 왕궁 구성
원은 그 일을 인정하지 않았다. 루돌
프 스워보다 그림. 1888년.

경을 쓰도록 했다. 상급 하인에 어울리는 자리를 줄 것, 구석으로 몰
아내서 쓸쓸하게 하지 않도록 할 것 등의 지시도 내렸다. 두 사람은
아침 식사 때는 파란 옷, 점심 때는 터번 착용, 정찬 자리에는 붉은
옷과 흰색과 금색의 터번과 섀시를 하게 되었다.

두 사람 중 금방 빅토리아의 마음에 들게 된 것은 젊고 핸섬한 압
둘 쪽이었다. 인도 문화에 홍미를 품었던 빅토리아는 압둘에게 인도
말을 배우기로 한다.

이윽고 그의 부친은 의사이며, 테이블 급사 따위를 하는 신분이 아니라는 이야기를 들은 빅토리아는 압둘을 '더 문시(교사)'라 부르기로 했다. 인도와의 간단한 연락 문서를 베껴 쓰는 일을 했으며, 여왕에게 인도 말 읽는 법을 가르치는 역할이다. 이윽고 본인도 신사 신분의 개인 비서처럼 행동하게 되었다.

두 사람이 급속도로 친밀해지자 존 브라운 때와 거의 같은 일이 되풀이되었다. 빅토리아가 압둘을 편애하면서 주위 하인들이 질투했고, 그러자 여왕은 더욱 고집을 부리게 되어 그를 지키기 위해 부조리하다고 보일 정도의 영전과 보수를 수여해나갔다. 심지어 이번에는 신앙과 생활 습관의 차이, 그리고 인종적 편견도 있기에 더더욱 상황이 악화되었다. 빅토리아는 화가를 불러 '문시'의 아름다운 초상화를 그리게 했다. 특별히 코티지를 내려 아내와 의붓어머니를 불러 살게 하는 것도 허가했다.

시종 무관 중 하나가 인도의 그의 부친을 방문해 사실은 의사가 아니라 감옥의 약제사였다고 보고했다. 신하들은 압둘은 도둑이며 반체제 활동 동료다, 게다가 성병에 걸려 있다, 거짓말쟁이 악당이라며 규탄했다. 하지만 여왕은 그 어떤 나쁜 얘기를 내밀어도 믿지 않았으며, 철저히 압둘의 편을 들었다. 1897년, 여왕의 남프랑스 여행에 동행한 압둘과 같은 식탁에 앉아야만 한다는 사실을 알게 된 빅토리아의 가족과 신하들은 정말 곤혹스러워졌다.

압둘 카림은 왕궁 사람들에게 엄청나게 미움을 받았으나, 빅토리아가 세상을 떠날 때까지 계속해서 모셨다. 아들인 버티 즉 에드워드 7세는 당연하다는 듯이 두 사람의 사이에서 교환했던 대량의 편지를 찾아내 다 태워버렸다고 한다.

지금까지 '문시'에 대해 알려진 정보는 대부분 왕궁 측의 인사가 쓴 편지나 일기가 출전이다. 당시의 영국에서 폭넓게 존재했던 인종적, 계급적인 편견과 어우러져 노령의 여왕을 조종해 부당한 이익을 얻으려 한 악질 인간처럼 묘사되는 경우가 많다. 하지만 코르카타 출신의 저널리스트인 슈라바니 바수(Shrabani Basu)는 2010년 『빅토리아와 압둘(Victoria & Abdul)』에서 다른 가능성을 제시했다. 빅토리아의 '힌두스타니어'(실제로는 우르두어) 연습장은 영어권의 연구자들에게는 언어

✤ 밸모럴성에서 송달상자의 서류를 보는 빅토리아와 카메라를 바라보며 서 있는 '문시'. 1895년경 찍힌 이 사진은 여왕과 신하에게 알리지 않고 압둘 자신이 직접 수배해 잡지에 게재되는 바람에 왕궁의 분노를 샀다. 『더 그래픽』 1897년 10월 16일.

의 벽 때문에 지금까지는 거의 관심을 갖지 않았으나, 레슨이 진전된 후반에는 두 사람 모두 서로의 언어를 상당히 잘 다룰 수 있게 되어 인품이나 마음 씀씀이를 엿볼 수 있는 기술도 포함되어 있다고 한다. 일본에서는 2019년에 공개된 영화 《빅토리아 여왕 최후의 비밀(ヴィクトリア女王 最期の秘密, Victoria & Abdul)》에는 이 새로운 시점을 기초로 한 인물상이 묘사되어 있다.

❖ 즉위 60년 기념제 다이아몬드 주빌리

> 출발 전, 나는 전기 버튼을 눌러 제국의 구석구석까지 전보 메시지를 보냈다. 내용은 다음과 같았다. '진심으로, 나의 사랑하는 신민들에게 감사를 보냅니다. 그들에게 신의 가호가 있기를!'
> -빅토리아의 일기(1897년 6월 22일)

지난 기념제로부터 10년이 흘러 즉위 60주년 기념제 일이 찾아왔다. 실제 즉위일은 20일이었지만, 일요일이 겹치기도 해서 성대한

✤ 버킹엄 궁전에서 중앙 전신국까지 이어진 전선을 통해 '전기 버튼'을 눌러 다이아몬드 주빌리의 메시지를 보내는 빅토리아. 『더 그래픽』 1901년 1월 26일.

✤ 1897년 6월 22일, 세인트 폴 사원으로 예배를 하러 가는 여왕의 마차. 길가에 늘어선 군중들은 "가라, 할머니(Go it, old girl)"라고 외쳤다고 한다. 존 찰턴 그림. 1897~99년.

행렬은 22일에 실시되었다.

50주년은 가족이 모여 축하하는 날이었으며, 사람들이 대영제국에 의식을 향하게 하는 효과를 발휘했는데, 60주년은 계획 당초부터 제국 의식의 고양을 목적으로 했다. 식민지장관 조지프 체임벌린의 제안에 따라 초대하는 것은 제국의 가족—즉 식민지의 대표자를 우선하기로 했다. 유럽의 황제나 국왕은 사양해주기를 바랐고, 왕자나 황태자를 나라의 대표로 보내게 했다. 빅토리아는 이 안에 찬성했다. 이것으로 조금은 고생도 줄 테니까.

감사 예배로 향하는 행렬을 계획하면서 누구를 앞에 세우고 누구를 뒤로, 옆으로 할 것인지 딸인 렌헨과 함께 고생고생하면서 대열을

만들었다. 옛날 인도 여제의 칭호를 갈망했던 빅토리아는 자신도 지위나 서열에 집착하는 성격이기에 다른 사람들의 서열에 대해서도 모두가 납득할 수 있게 조정하는 것이 중요하다고 생각했을 것이다.

이번 감사 예배는 런던의 세인트 폴 대성당에서 열리게 되었다. 하지만 이 대성당 앞에는 당당한 계단이 있으며, 휠체어를 항상 사용하는 78세의 여왕이 올라가는 것은 무리였다. 마차째로 건물로 들어가는 건 어떨까?―말은 떼고 마차만 들어서 옮기는 건?― 등의 안이 제시되었지만, 결국 예배는 대성당 앞에서 열리게 되었다. 장대한 식민지 군대의 퍼레이드가 주역 중 하나이기도 하므로, 야외에서 그대로 행사를 진행하는 것이 오히려 더 잘 맞았다.

❖ 독일 제국 황제와의 관계

다이아몬드 주빌리에 황제나 국왕을 초대하지 않는 방침이 채택 됨으로써 또 한 가지 해소할 수 있는 문제가 있었다. 최근 떼를 쓰 는 일이 심해진 손자 윌리, 즉 독일 제국의 황제 빌헬름 2세를 부르 지 않아도 된다는 점이었다. 지난번 골든 주빌리에는 장녀 비키의 남편, 당시는 황태자였던 프리츠도 참가했으나, 10년 후인 이번에는 이미 이 세상에 없었다. 골든 주빌리 다음 해인 1888년 3월, 선대 빌 헬름 1세가 세상을 떠나고 프리츠는 프리드리히 3세로 즉위한다. 하 지만 원래 후두암을 앓고 있었기 때문에 겨우 3개월밖에 황제에 재 위하지 못한 채로 세상을 떠나고 말았다. 그 후를 물려받은 것이 아 들인 빌헬름이다.

비키와 프리츠 부부는 앨버트의 영향을 받아 자유주의자가 되었 으나, 빌헬름 2세는 양친과는 반대로 황제의 권력을 강화하고 강력 한 군사 제국을 구축하기를 바랐다. 빅토리아는 이러한 손자의 동향 을 경계했다. 빌헬름은 재상 비스크마르크를 경질하고, 1895년 영국 이 남아프리카의 트랜스발공화국(Transvaal Republic)에 침공하려다 가 실패했을 때, 적 측의 대통령에게 축전을 보내는 행동을 하면서 영국 여왕과 국민들의 격렬한 분노를 사고 말았다. 영국의 행위도 타국의 비난을 받아 마땅한 것이었으나, 식민지와 전쟁에 대해서는 강경한 자세로 되기 일쑤였던 제국주의자 빅토리아로서는 손자 따 위가 할머니 나라의 국익에 관련된 문제를 우롱하는 듯한 짓은 용서 할 수가 없었다.

빌헬름 2세는 금방 사죄했고, 2년 후에는 다이아몬드 주빌리의 축하로 가고 싶다고 연초의 인사를 보냈다. 하지만 다른 황제도 국왕도 부르지 않는 방침이었기 때문에, 거절해도 특별한 문제없이 넘어갈 수 있었다. 아무튼 '윌리'는 1899년이 될 때까지는 영국의 할머니 방문을 거절당하는 '출입 금지' 상태였다.

✽ 빅토리아의 손자, 비키의 아들인 윌리.
1888년 빌헬름 2세로 독일 황제에 즉위했다.
1891년의 사진.

❖ 식민지 군대의 열광과 그 앞에서 기다리는 것

1897년 6월 22일, 대영제국 식민지와 다양한 나라, 자치령, 국내 지방에서 찾아온 군대가 행진을 시작했다. 다양한 피부색, 다양한 군복을 입은 총 약 4만 6,000명의 대퍼레이드였다.

육군 원수 로버츠 경의 인솔로 우선 캐나다, 오스트레일리아, 뉴질랜드에서는 마오리족의 기마대도 와 있었다. 다음은 보병대, 남아프리카와 트리니다드, 튀르크풍 모자를 쓴 키프로스의 경찰대 등이 뒤

✤ 영국인 지휘관이 이끄는 인도 제국군의 파견 부대. 숙박했던 리치먼드의 스타 앤드 가터 호텔에서.

를 이었다. 깃털 장식을 단 보루네오 경찰대, 그리고 번왕이 이끌며 터번에 수염이 난 화려한 복장의 인도 군대가 오자 구경꾼들은 환호성을 질렀다.

아름답고 강해 보였으며, '이국 정서'가 넘치고, 다양한 외견을 했으며, 꼬리에 꼬리를 물고 무한으로 쏟아져 나오는 것처럼 찾아오는 대군세. 식민지 군대의 행진은 구경하던 관중을 열광시켰다. 그 광경은 대영제국의 전체상을 로맨틱하게 상상시켰다. 영국에서 태어난 자신들도 그 멋진 무언가의 일부인 것이다, 이것도 고맙게도 신의 의사이며, 자신들은 지금 그들에게 명령할 수 있는 쪽에 서 있는 것이라는 공상까지 불러일으켰던 건지도 모른다. 그리고 이 제국을 다스리는 정점에 있는 것은 다양한 색의 군대의 뒤를 이은 마차 안에 작고 아담하게 들어가 있는, 보닛을 쓰고 파라솔을 쓴 노부인인 것이다.

하지만 공상이 언제까지고 계속되지는 않는다. 주빌리의 여흥이

가시고 1899년 가을에는 남아프리카에서 제2차 보어(Boer) 전쟁이 시작되었다.

빅토리아는 오즈본과 밸모럴에서 쇠약해져가는 시력으로는 좋지 않은 전황 보고를 읽고 있었다. 그녀가 문자가 잘 보이지 않는다, 더 진하게, 더 크게 하라고 반복해서 요구했기 때문에, 서류의 문자는 점점 크고 진해졌지만 그것도 한계가 있었다. 시종 무관인 프리츠 폰손비는 잉크를 구두약만큼 검게 만들었고, 비서관인 아서 빅은 흡수 용지로 잉크가 흐려지는 것을 피하기 위해 작은 오븐을 이용해 종이를 말리도록 했다고 한다.

흐릿한 눈으로 승리와 패배 보고를 잘못 읽어서, 기뻐서 어쩔 줄 몰라 하다가 막내딸 베아트리스가 정정해주는 일도 있었다. 빅토리아 자신도 나이가 찬 손자나 친구의 아들을 식민지 전장으로 보냈고, 전투와 병으로 잃어버린 일도 많았다. 귀여운 손자의 죽음 보고에 눈물을 흘리는 것과 전장에서 귀환한 부상병을 문병하고 전장에 캔에 든 초콜릿을 보내는 것, 퍼레이드의 군복에 눈길을 빼앗기는 것, 그리고 요새를 지켜라, 사령관을 바꿔라, 외상을 잘라라, 지금 당장 증원군을 보내 포위된 영웅을 구출해라 등 총리와 식민지장관을 집요하게 공격하는 것에 대해, 그녀 안에서는 모순이 없는 모양이었다.

남아프리카에서의 전쟁은 수많은 희생을 냈고, 국제사회의 비판이 쏟아졌음에도 일단 영국군의 승리로 끝났다. 손자 빌헬름 2세는 식민지의 이해 경쟁으로, 간접적으로 여러 가지로 영국과 대립했다. 그리고 20세기가 되어 영국과 독일은 총력전을 벌이게 된다. 러시아에서는 다이아몬드 주빌리의 20년 후에 혁명이 일어난다. 그때 어린

❖ '여왕 폐하의 은혜로운 미소'. 마차 안에서 웃는 얼굴을 보여주는 빅토리아를 포착한 희귀한 사진. 찰스 나이트가 찍은 명함판 사진. 1887년.

자식들과 함께 살해당하는 황제 부부는 빅토리아의 손녀와 혼인으로 맺어진 친척 커플이다.

하지만 그 미래를 빅토리아가 보는 일은 없었다. 19세기와 그녀의 마지막이 가까워지고 있었다.

영국에는 시대극 전통이 있다. 그리고 19세기의 빅토리아 치세는 영국인에게는 현대와 가장 가까운 제국의 황금기라는 의식이 있는 모양이어서 그녀를 중심으로 한 작품이 적지 않다. 의상과 미술이 보기에도 즐거운 최근의 작품을 소개한다.

《미세스 브라운(Mrs. Brown)》

제목《미세스 브라운(Mrs. Brown)》이 나타내는 대로, 빅토리아와 존 브라운을 중심으로 한 영화. 계급과 입장을 초월한 두 사람의 교우 관계가 왕궁과 국가에 불러일으킨 파문을 그렸다. 주디 덴치(Judi Dench), 빌리 코널리(Billy Connolly) 출연, 존 매든(John Madden) 감독, 제러미 브락(Jeremy Brock) 각본. 1997년.

《영 빅토리아(The Young Victoria)》

1837년 18세로 즉위한 여왕의 젊은 날의 다양한 문제와 그 극복, 앨버트와의 결혼, 새로운 인생의 시작을 드라마틱하게 영상화. 일본 제목은《빅토리아 여왕 세기의 사랑(ヴィクトリア女王 世紀の愛)》. 에밀리 블런트(Emily Olivia Leah Blunt), 루퍼트 프렌드(Rupert Friend) 출연, 장 마크 발레(Jean Marc Vallee) 감독, 줄리언 펠로우스(Julian Fellowes) 각본, 2009년.

《빅토리아(Victoria)》

일본 제목은 《여왕 빅토리아 사랑에 살다(女王ヴィクトリア 愛に生きる)》. 빅토리아의 즉위 이후의 생애를 그린 TV 드라마 시리즈. 다소의 과장과 연대가 바뀐 부분이 있으나, 기본적으로는 실화를 기초로 사적, 공적 생활의 단면을 솔직하게 영상화했다. 2018년 현재 영국 민영방송 ITV에서 세 번째 시리즈까지 제작되었다. 제나 콜먼(Jenna-Louise Coleman) 주연, 데이지 굿윈(Daisy Goodwin) 원안·각본, 2016년.

《빅토리아&압둘(Victoria & Abdul)》

빅토리아의 왕궁에 고용된 젊은 인도인 하인, 압둘 카림이 주인공인 영화. 일본 제목은 《빅토리아 여왕 최후의 비밀(ヴィクトリア女王最期の秘密)》. 여왕과 '문시'의 알려지지 않은 관계를 현대의 시점으로 비희극적으로 캐나간다. 《미세스 브라운》과 마찬가지로 주디 덴치가 빅토리아 역을 맡았다. 알리 파잘(Ali Fazal) 공동 주연, 스티븐 프리어즈(Stephen Frears) 감독, 리 홀(Lee Hall) 각본, 2017년.

제**9**장
끝날 때

1900~1901

✤ 아일랜드로의 행차

마차로의 이동은 2시간 반이 걸렸다. 부두를 따라 빈민가를
전부 돌았는데, 수많은 사람이 모여 나를 격렬하고 열렬하게
환영했다. 트리니티칼리지에서는 학생들이 '여왕 폐하 만세'를
불렀고, 목이 쉴 정도로 큰 소리를 질렀다. 환호성은 마치 울부
짖는 소리처럼 들릴 정도로 귀를 먹먹하게 하는 커다란 소리였
다. 시청사 앞에 모인 민족주의자(Nationalist)마저도 자신들의
정치 사상을 잊은 것처럼 환성을 질렀고 모자를 흔들었다. 정
말 멋진 환영이었고, 나는 무척이나 만족했다….

-빅토리아의 일기(1900년 4월 4일)

1900년 봄. 식민지에서의 패권 다툼을 배경으로 유럽 각국은 영국
에 대해 우호적인 분위기는 아닌 것처럼 보였다. 그래서 빅토리아는
이때의 습관이었던 봄의 남프랑스 시미에로의 여행을 포기하고, 아
일랜드 행차로 변경했다. 남아프리카의 전쟁으로 영국을 위해 활약
한 아일랜드인 병사들의 노고를 치하하기 위한 목적도 있었다.

더블린에 도착해 영국 여왕이 길거리에 모습을 드러내자 그녀의
통치를 기꺼이 축복하는 무리가 환호성을 울렸다. 가는 곳마다 계속
해서 열렬한 환영을 받았으니 그녀는 자신이 받아들여졌다고 느꼈
을 것이다. 하지만 당시의 아일랜드는 영국에서 독립을 바라는 운동
이 활발히 이루어지고 있었다. 사복 경관이 멀리서 둘러싸 배치되어
경계했으나 최종적으로는 아무런 일도 일어나지 않았다. 그녀가 상

❖ 더블린의 피닉스 파크에 모인 아이들에게 대환영을 받는 빅토리아. 『일러스트레이티드 런던 뉴스』, 1900년 4월 14일.

❖ 더블린을 방문한 여왕의 마차를 한번 보려고 모여든 뒷골목의 서민들. 1900년 4월 21일.

류하기 전에 현지의 기관지는 압수되고, 회합은 중지되었으며, 영국 연합국의 국기를 장식했던 몇 곳의 점포의 창이 깨지고, 체포자가 속출했다고 한다. 환호를 받으며 행차했을 때 자택에서 나오지 않는 타입의 한 사람 한 사람이 가슴속에서 어떻게 느꼈는지는 그녀는 모른 채로 끝났던 건지도 모른다.

그럼에도 매년처럼 체재했던 스코틀랜드와는 긴장감이 달랐던 모양인지 아일랜드에서 돌아온 그녀는 몹시 지쳐 있었다.

❖ 쇠약해지는 신체

오즈본 하우스에서 그녀를 맞이한 여관 마리 맬릿은 빅토리아가 명백히 쇠약해졌음을 느꼈다.

❖ 가장 만년에 가까운 1899년경의 빅토리아. 하인리히 폰 앙게리의 초상화를 컬러 판화로 만든 것. 『V.R.I.』 1901년.

여왕 폐하는 확실히 활발함이 사라졌으며, 소화기관은 장년의 혹사 탓에 제 기능을 하지 못합니다. 만약 식사 요법에 따라 벵거즈 푸드(시판되는 소화효소가 든 환자식)와 치킨만 드셨다면 분명히 좋아졌을 텐데요. 하지만 그녀는 로스트 비프와 얼음과자를 끊으려고도 하지 않으십니다! 이러면 어떻게 될 것 같으세요? 제임스(리드) 의사가 어떻게든 설득해서 벵거즈를 시험해보도록 설득했고, 그녀도 마음에 들어 하셨는데, 다른 메뉴를 벵거즈로 바꾸는 것이 아니라 마음껏 식사하신 후에 벵거즈를 추가하시는 겁니다. 이건 제임스 의사도 두려워했습니다.

-마리 맬릿이 남편에게 보낸 편지(오즈몬, 7월 24일, 1900년)

낮이든 밤이든 자주 선잠을 자게 되었으며, 잠자리에 드는 시간이 빨라졌다. 왕성했던 식욕도 줄어갔고, 조금씩밖에 잠들지 못하거나

❀ 당나귀 마차에 탄 빅토리아. 풋맨 등이 고삐를 끌고 천천히 이동시켰다. 1883년 계단에서 굴러 떨어져 다리가 불편해진 후로, 소형의 1인승 마차와 휠체어를 항상 사용했다. 1891년의 사진.

거의 잠을 잘 수 없다는 호소가 빈번하게 일기에 나타나게 되었다. 여관 마리의 편지의 시작은 '여왕은 조금 좋아졌다', '여왕의 상태가 좋지 않다'가 되풀이되었다. 하지만 가을의 밸모럴에서도 빅토리아는 일을 계속했다.

12월 18일, 윈저성을 뒤로한 그녀는 다시금 오즈본으로 향했다. 그곳이 그녀가 마지막을 맞이하는 장소가 되었다.

크리스마스에는 평소처럼 케이크와 로스트 요리, 아일랜드 총독이 보낸 도요새 파이가 준비되었다. 하지만 침실 여관으로 50년 가까이 함께한 레이디 제인 처칠이 세상이 떠났다는 사실을 알고 침울해진 그녀는 자기 방에 틀어박혀 식사를 했다.

❖ 20세기 최초이자, 그녀의 최후의 1개월

새해가 밝아 컨디션이 회복된 것처럼 보였기에, 1월 2일에는 육군원수 로버츠 경과 만났다. 원수와는 14일에도 회견했고, 그것이 최후의 공무가 되었다.

어젯밤까지는 그저 그랬지만, 눈이 떠져버리고 말았다. 일찍 일어나 우유를 약간 마셨다. 렌헨이 왔고, 신문을 좀 읽었다. 1시 전에 가정용 휠체어로 외출. 렌헨과 베아트리스가 같이 왔다. 아주 잠깐 쉬고, 약간 먹고, 렌헨과 베아트리스와 마차로

짧은 외출. 집으로 돌아와 잠시 쉬고, 5시 30분에 응접실로 내려가 클레멘트 씨(이스트카우즈의 위핑엄 마을 교구 목사 클레멘트 스미스 선생)의 짧은 예배. 무척이나 좋은 예배였고, 굉장히 큰 위로가 되었다. 그 후 또 잠시 쉬고, 서명을 좀 하고, 렌헨에게 구술 필기를 시켰다.

　-빅토리아의 일기(1901년 1월 13일)

　일기는 이 13일로 끝났다. 따분한 일상의 기술이다. 그녀는 여왕이며, 터무니없이 강한 개성의 소유자였으나, 일상을 살아온 평범한 인간이기도 했다.

　17일에 왕궁 주치의 제임스 리드가 빅토리아가 말이 잘 나오지 않

❈ 생전에 희망한 대로 포차에 실은 빅토리아의 관이 오즈본 하우스를 나가는 모습.
『V.R.I.』 1901년.

는다는 사실을 깨닫고, 가벼운 뇌졸중이 있는 것 같다고 진단했다.

18일, 빅토리아의 아이들이 불려왔다. 죽음의 바닥에 누운 그녀를 둘러싸기 위해서다. 시골로 가려던 버티는 어머니의 용태를 듣고 예정을 바꿨다. 왠지 멀어졌던 손자인 독일 황제 빌헬름 2세도 우연히 베를린에 체재하던 코노트 공 아서 왕자와 함께 런던까지 달려왔다. 왕자와 왕녀들은 여왕을 자극하지 않기 위해 당초에는 빌헬름 황제의 면회를 막았으나, 마지막에는 숙부 버티가 침대 곁에 함께하는 것을 허용했다. 마지막 날 등에는 할머니의 몸이 가능한 한 편한 자세가 될 수 있도록, 황제는 오른팔로(그는 태어날 때부터 왼팔이 좋지 않았다) 몇 시간이고 지탱했다고 한다. 끝난 후, 그녀의 몸을 들어 올려 관에 담는 역할까지 자청했으나, 그것은 자신들의 역할이라며 왕세자가 거부했다.

시간을 거슬러 올라가 19일, 신문의 왕실 행사 일보란에 처음으로 여왕이 '최근 통상의 건강 상태가 아니다'라는 조심스러운 표현으로 몸 상태가 좋지 않다는 정보가 공개되었다. 같은 날, 리드 의사는 그녀가 "조금 더 살고 싶다. 아직 몇 가지 지시할 일이 있다"고 말하는 걸 들었다고 한다.

21일, 빅토리아는 시간이 얼마 남지 않았음을 깨닫고, 애견인 포메라니언 툴리를 데리고 와달라고 소망했다. 개는 잠시 침대에 올라가 주인과 함께했다. 그녀는 "버티"라며 왕세자의 이름을 불렀다.

옛날 윈저에서 수석 사제를 맡아 오래 알고 지냈던 랜들 데이비슨(Randall Thomas Davidson) 선생이 불려와 여왕이 좋아하는 성가의 시를 낭독했다.

그리고 1901년 1월 22일 저녁 6시 30분, 81세의 빅토리아 여왕은 조용히 영면했다.

인생의 절반 가까이를 남편을 위해 검은 상복을 입고 지냈으며, 인간의 죽음과 장례 준비에 심상치 않은 관심을 보인 빅토리아는, 자신의 장례식은 검은색 단 하나로만 이루어져야 한다며 상세한 각서를 남겼다. 군인의 딸인 자신의 장례식은 군대식이 좋다, 영구차가 아니라 포차를 말이 끌었으면 좋겠다, 관을 덮는 천은 검은색은 싫고 흰색과 금색의 자수가 들어간 것이 좋다, 헨델의 장송행진곡이 아니라 베토벤이나 쇼팽, 하일랜드의 애가(哀歌)가 좋다, 기타 등등…. 그녀의 바람은 비서관과 신하들에 의해 충실하게 실행되었다. 그리고 유해는 오랫동안 쌓아올렸던 윈저성 부지 안에 있는 프로그모어 궁전의 영묘에 앨버트와 사이 좋게 서 있는 상 아래에 안치되었다. 남편에게 가서 함께 있고 싶다는 39년의 바람이 이루어졌다.

빅토리아는 최후의 최후까지, 돌아간 후에 이르기까지, 자신의 바람을 관철했다. 로맨틱한 개인적 욕망을 주위를 끌어들이면서 추구했고, 그와 동시에 수많은 사람의 공공의 이익도 최대한 추구했다. 호전적인 제국 의식에 관해서는 도저히 찬동할 수 없지만, 이 시대의 극히 일반적인 사고방식과 비교한다면 계급과 인종에 관한 관용은 경이로울 정도였다. 그렇다고는 해도 차별하는 마음이 없었던 것

❀ 오즈본 하우스에 잠시 안치된 빅토리아의 관. 흰색과 금색 천 위에는 왕관과 남편이 세상을 떠난 이후로는 입기를 계속 거부해왔던 붉은 정장 로브가 걸쳐져 있다. 1901년.

❦ '우리 집이 최고야!' 남편은 남자답게 든든하며, 아내는 여자답게 애정이 깊다. 19세기 영국인의 가정에 대한 이상적인 형태는 그림에 나타난 여왕 일가에도 진하게 투영되었다. 시대가 진행되어 20세기가 되면 이러한 가치관은 시대에 뒤떨어진 것이 되어갔다. 『펀치』 1845년.

❦ '켄싱턴 궁전의 어린 시절'. 정원으로 둘러싸인 궁전 깊은 곳에서 상냥하게 식물을 돌보는 왕녀 빅토리아를 그린 상상도 『우리의 은혜로운 여왕』 1887년.

은 아니며, 자신과 전혀 다른 타인의 시점으로 무언가를 보는 것은 어려웠던 모양이다. 여자도 남자도, 어떤 피부색이라도, 아름다운 사람을 무척 좋아했으며, 외모 때문에 차별하게 되어버리는 경우도 많았다.

좋아하지도 않는 상대가 덜덜 떨며 지도하는 것은 참을 수 없었지만, 그러는 한편으로는 멋지고 강한, 사랑하는 남자라면 오히려 명령해줬으면 했다. 든든한 남편을 단아하게 따르는 아내, 이러한 19세기의 여성다운 역할을 기꺼이 연기하고 싶었다.—다만, 앨버트에게 물어본다면 그저 하고 싶었던 것뿐이고 제대로 연기하진 못했던 게 아닐까라고 말할지도 모른다. 그건 알 수가 없다. 사랑은 확실히 있었지만, 말싸움도 했다.

내성적인 일면을 덮어 숨기며, 위엄 있게 행동하는 것은 가능하다. 하지만 자신에게도 타인에게도 거짓말을 하는 것은 어렵다. 냉정하게 표면상의 모습을 보여주는 힘은 있으나, 본심을

✤ 왕녀 시대에 보양지 턴브리지웰스(Tunbridge Wells)에서 있었던 일. 친구를 위해 선물을 사려 했지만 용돈이 너무 적었기 때문에 물건값 이 부족했다. 점원은 무료 서비스를 하겠다고 했으나 가정교사인 레 첸이 "돈이 없으면 당연히 살 수가 없습니다"라며 거절했다. 그리고 왕녀는 보관을 부탁했고, 다음 용돈을 받자마자 이른 아침부터 당나 귀를 타고 사러 갔다고 한다. 어린 시절부터 이처럼 도덕을 새겨 넣었 다고 한다. 『V.R.I.』 1901년.

HER MOST GRACIOUS MAJESTY
QUEEN VICTORIA
Queen of Great Britain & Ireland and Empress of India.

✤ 검은 과부 의상에 작은 다이아몬드 왕관을 쓰고, 진지한 얼굴을 한 빅토리아 여왕의 초상화는 몇백만 장이 넘게 명함판 사진, 잡지의 대형 삽화나 상품 표면에 인쇄되어 유통되었다. 『황금의 50년』 1887년.

숨기는 것도 불가능했다.

"좋은 사람이 되겠습니다"라며 10세 때 말했다는―말하지 않았다고도 한다― 그녀는, 81세가 되어서도 10세 소녀의 도덕을 유지했던 건지도 모른다. 최소한 그렇게 있고 싶다고 계속 바라는 집념과 보수성은 지니고 있었다. 일관성이 없는 것처럼 보이며, 얼핏 보기엔 복잡하게도 보이지만, 어쩌면 뿌리는 단순할지도 모른다. '제국의 어머니' 또는 '유럽의 할머니'로서의 이미지로 다뤄지기 일쑤지만, 어린아이 같기도 하다.―그런 그녀이기에 왕궁이, 정치가가, 그리고 온 나라가 그녀에게 마음이 끌리고 자신과 나라의 이미지를 겹쳐서 봤던 건지도 모른다.

빅토리아 여왕 간략 연보

1819년	5월 24일	빅토리아 탄생
	8월 26일	앨버트 탄생
1820년	1월 23일	아버지 켄트 공 에드워드 사망
	1월 29일	조지 3세 사망, 조지 4세 즉위
1828년	2월	이부언니 페오도라, 결혼해서 독일로 이주
1830년	6월 26일	조지 4세 사망, 윌리엄 4세 즉위
1831년	7월	벨기에 왕 레오폴드 1세 즉위
1836년	5월	앨버트가 방문해 처음으로 만나다
1837년	6월 20일	윌리엄 4세 사망, 빅토리아 즉위
1838년	5월	런던 노동자 협회의 인민 헌장 발표(차티스트 운동)
	6월 28일	대관식
1839년	1~7월	플로라 헤이스팅스 사건
	5월	침실 여관 위기
	10월 15일	앨버트와 약혼
	11월	아편전쟁
1840년	2월 10일	앨버트와 결혼
	11월 21일	장녀 빅토리아(비키) 탄생
	12월	존스 소년 버킹엄 궁전 침입 사건
1841년	11월 9일	왕세자 앨버트 에드워드(버티) 탄생
1842년	5월	플랜태저넷(Plantagenet) 왕조풍 가장 무도회
	6월	처음으로 철도에 타다
	8월	스코틀랜드에 첫 방문
	9월	레첸, 왕궁을 그만두고 독일로 떠나다
1843년	4월 25일	왕녀 앨리스 탄생
	9월	프랑스로 가서 루이 필립 왕을 방문
1844년	6월	러시아 황제 니콜라이 1세 영국 방문
	8월 6일	왕자 앨프리드(아피) 탄생
	10월	프랑스의 루이 필립 왕 영국 방문
1845년		아일랜드에서 감자 기근
	5월	와이트섬 오즈본의 땅을 구입
1846년	5월 25일	왕녀 헬레나(렌헨) 탄생
1847년	3월	앨버트, 케임브리지대학 총장으로

1848년	2월	프랑스 2월 혁명으로 루이 필립 퇴위, 영국으로 망명
	3월	독일 3월 혁명
	3월 18일	왕녀 루이즈 탄생
	4월	런던에서 차티스트 대집회, 여왕 일가 와이트섬으로 피난
	9월	스코틀랜드의 밸모럴성에 처음으로 체재
	11월 24일	멜번 자작 사망
	12월	프랑스에서 루이 나폴레옹이 대통령 선거에 당선
1849년	8월	아일랜드 방문
1850년	5월 1일	왕자 아서 탄생
1851년	5월 1일	런던 만국박람회
	12월	루이 나폴레옹의 쿠데타, 다음 해부터 황제 나폴레옹 3세
1852년	6월	밸모럴성 구입
	9월	웰링턴 공작 사망, 앨버트가 장례를 지휘
1853년	4월 7일	왕자 레오폴드 탄생
	7월	러시아가 오스만 제국 영내로 진군, 크리미아 전쟁 개시
	8월	아일랜드 대산업박람회 방문
	10월	오스만 제국이 러시아에 선전포고
1854년	3월	영국이 크리미아 전쟁에 참전
	11월	나이팅게일이 간호사를 이끌고 스쿠타리에 도착
1855년	2월	러시아 황제 니콜라이 1세 사망, 알렉산드르 2세 즉위
	4월	나폴레옹 3세 부부 영국 방문
	8월	빅토리아와 앨버트, 비키와 버티를 데리고 파리 방문
	9월	세바스토폴 요새 함락
1856년	3월	파리 조약으로 크리미아 전쟁 종결
	8월	밸모럴성의 새로운 건물이 완성
	9월	나이팅게일과 회견
	10월	애로호 전쟁(제2차 아편 전쟁)
1857년	4월 14일	왕녀 베아트리스(베이비) 탄생
	5월	인도 대반란
	5월	맨체스터 미술명보전람회 방문
1858년	1월 25일	비키, 프로이센 왕자 프리드리히 빌헬름(프리드리히 3세)과 결혼
	11월	영국이 인도를 직접 통치
1859년	1월 27일	비키에게 아들(빌헬름 2세) 탄생
1860년	9~10월	코부르크, 프로이센, 벨기에를 방문
1861년	3월 16일	모친인 켄트 공 부인 사망
	3월	이탈리아 왕국 성립
	4월	미국 남북전쟁

	8월	아일랜드 방문
	12월 14일	앨버트 사망
1862년	7월 1일	앨리스, 헤센 대공 루트비히와 결혼
1863년	3월 10일	버티, 덴마크 왕녀 알렉산드라와 결혼
1864년	2월	덴마크와 프로이센의 전쟁
	12월	존 브라운, 밸모럴에서 오즈본 하우스로 옮김
1865년	1월 10일	벨기에 왕 레오폴드 1세 사망
1866년	2월	앨버트의 사후, 처음으로 의회 개회에 참석
	6월	보오 전쟁(普墺戰爭, the Prusso-Austrian War, 프로이센과 오스트리아 사이의 전쟁으로, 7주 전쟁이라고도 부른다-역주)
	7월 5일	렌헨, 슈레스비히 홀슈타인 공자 크리스찬과 결혼
1867년	7월	오스만 제국의 술탄, 압둘 아지즈 1세가 방문
	8월	제2차 개정 선거법 가결, 도시 노동자에게 선거권 부여
1868년		『하일랜드 생활 일지에서 몇 잎』 출판
1869년	11월	수에즈 운하 개통
1870년	7월	보불 전쟁(普佛戰爭, the Franco-Prussian War)
	8월	초등 교육법 제정
	9월	나폴레옹 3세, 제단 전투에서 프로이센에 항복
	10월	이탈리아 국왕, 로마를 병합해 통일
1871년	1월	프로이센 국왕을 황제로 하는 통일독일제국이 성립
	3월	나폴레옹 3세, 영국으로 망명
	3월 21일	루이즈, 론 후작 존 캠블(아가일 공작)과 결혼
	11월	버티, 장티푸스로 위독해짐
1872년	2월	왕세자 버티의 회복 감사 예배
	2월	아서 오코너의 여왕 총격 미수 사건
	3월	독일의 바덴바덴에서 페오도라를 문병(같은 해 9월 사망)
1873년	6월	페르시아(현재의 이란)의 샤(Shah, 페르시아 왕의 존칭 또는 이란 황제의 칭호-역주) 내방
1874년	1월 23일	아피, 러시아 황녀 마리아와 결혼
1875년		시어도어 마틴 저 『왕배 전하의 생애』 출판
	11월	영국 정부가 수에즈 운하 회사의 주식을 취득
1876년	5월	인도 여제의 칭호 취득
1877년	4월	제6차 러시아·튀르크전쟁
1878년	6월	베를린 회의, 영국은 키프로스를 취득해 러·튀 전쟁 종결
	11월	제2차 아프간 전쟁
	12월 14일	앨리스, 디프테리아로 사망
1879년	1월	줄루 전쟁(Anglo-Zulu War, 이주한 보어인들이 줄루족과 벌인 전쟁. 무려 70년 동안 남부 아프리카를 피로 물들였다-역주)

	3월 13일	아서, 프로이센 왕녀 루이제 마르그레테와 결혼
	6월 1일	전 프랑스 황제 나폴레옹 3세의 아들 루이가 줄루 전쟁으로 사망
1881년	3월 1일	러시아 황제 알렉산드르 2세 암살, 알렉산드르 3세 즉위
	4월 19일	디즈레일리 사망
1882년	4월 27일	레오폴드 왕자, 발데크 필몬트의 헬레나 왕녀와 결혼
1883년	3월	계단에서 굴러서 무릎을 다침
	3월 27일	존 브라운 사망
1884년	2월	『속 하일랜드 생활 일지에서 몇 장』 출판
	3월 28일	레오폴드 왕자 사망
	12월	제3차 개정 선거법 가결, 농촌 지방 노동자에게 선거권 부여
1885년	1월	수단의 마프티 전쟁으로 고든 장군 사망
	7월 23일	베아트리스, 파텐베르크 공자 하인리히와 결혼
1887년	6월 21일	즉위 50주년 기념 행사(골든 주빌리)
	6월	압둘 카림과 마호멧 바쿠시를 하인으로 고용
1888년	3월 9일	독일 황제 빌헬름 1세 사망. 프리드리히 3세 즉위
	4월	베를린을 방문해 프리드리히 3세를 문병하고, 비스마르크와 회견
	6월 15일	독일의 프리드리히 3세 사망, 빌헬름 2세 즉위
	8월	압둘 카림을 하인에서 교사(문시)로 격상시키도록 지시
	8월	살인마 잭 사건
1889년	8월	빌헬름 2세, 영국 방문
1891년	12월	버티의 장남 앨버트 빅터(에디), 테크 공녀 메어리(메이)와 약혼
1892년	1월 14일	에디 사망
1893년	7월 6일	버티의 차남 조지(훗날의 조지 5세), 형의 약혼자 메이와 결혼
	8월 23일	자크센 코부르크 공 에른스트 2세 사망, 아피가 칭호와 영지를 계승
1894년	11월	러시아 황제 알렉산드르 3세 사망, 니콜라이 2세 즉위
	11월	앨리스의 딸 알릭스(알리키)가 니콜라이 2세와 결혼, 러시아 황후가 됨
1895년	12월	남아프리카에서 제임슨 침입 사건
1896년	1월	크루거 전보 사건
	9월	니콜라이 2세, 영국 방문
1897년	6월	즉위 60주년 기념 행사(다이아몬드 주빌리)
1898년	5월 19일	글래드스턴 사망
1899년	10월	남아프리카 전쟁
	11월	빌헬름 2세, 영국 방문
1900년	4월	아일랜드 방문
	7월 30일	아피 사망
1901년	1월 22일	빅토리아 사망

참고 문헌

영문 참고 문헌 생략

저자명	서명	출판	출판연도
이이다 미사오(飯田操)	그럼에도 영국인은 개가 좋다 (それでもイギリス人は犬が好き)	미네르바쇼보 (ミネルヴァ書房)	2011
이노세 구미에(井野瀬久美恵)	대영제국은 뮤직홀에서 (大英帝国はミュージック・ホールから)	아사히신문사 (朝日新聞社)	1990
세실 우드햄 스미스 (Cecil Woodham-Smith) 저, 다케야마 마치코(武山満智子), 고미나미 요시히코(小南吉彦) 역	플로런스 나이팅게일의 생애 (フロレンス・ナイチンゲールの生涯), 상·하	겐다이샤 (現代社)	1981
가와모토 시즈코(川本静子) 저/ 마쓰무라 마사이에(松村昌家) 편저	빅토리아 여왕 젠더·왕권·표상 (ヴィクトリア女王 ジェンダー・王權·表象)	미네르바쇼보 (ミネルヴァ書房)	2006
기미즈카 나오타카(君塚直隆)	빅토리아 여왕 대영제국의 "싸우는 여왕" (ヴィクトリア女王 大英帝国の"戦う女王")	주오코론샤 (中央公論社)	2007
기미즈카 나오타카(君塚直隆)	여왕 폐하의 블루 리본 가터 훈장과 영국 외교 (女王陛下のブルーリボン ガーター勲章と イギリス外交)	NTT출판 (NTT出版)	2004
기미즈카 나오타카(君塚直隆)	여왕 폐하의 그림자 (女王陛下の影法師)	지쿠마쇼보 (筑摩書房)	2007
고이케 시게루(小池滋)	빅토리안 펀치 (ヴィクトリアン・パンチ)	가시와쇼보 (柏書房)	1995 ~1996
데보라 자페(Deovorah Jaffe) 저/ 니키 가오루(二木かおる) 역	도해 빅토리아 여왕: 영국의 근대화 를 이룩한 여제 (図説 ヴィクトリア女王: 英国の近代化を なしとげた女帝)	하라쇼보 (原書房)	2017
리튼 스트레이치(Lytton Strachey) 저/오가와 가즈오(小川和夫) 역	빅토리아 여왕 (ヴィクトリア女王)	후잔보 (冨山房)	1981
비판 찬드라(Bipan Chandra) 저/ 아와야 도시에(粟屋利江) 역	근대 인도의 역사 (近代インドの歴史)	야마카와출판사 (山川出版社)	2001

케이트 허버드(Kate Hubbard) 저/ 하시모토 미쓰히코(橋本光彦) 역	빅토리아 여왕의 왕실: 측근과 하인 이 말하는 대영제국의 상징의 진실 (ヴィクトリア女王の王室: 側近と使用人 が語る大英帝国の象徴の真実)	하라쇼보 (原書房)	2014
하마우즈 데쓰오(浜渦哲雄)	대영제국 인도 총독 열전 (大英帝国インド總督列伝)	주오코론샤 (中央公論社)	1999
프레드릭 포손비(Frederick Ponsonby) 저, 모치즈키 유리코 (望月 百合子)	빅토리아 여왕의 딸-모녀의 편지를 중심으로(ヴィクトリア女王の娘-母娘の 手紙を中心に)	도스이쇼보 (刀水書房)	1993
마쓰무라 마사이에(松村昌家)	수정궁 이야기(水晶宮物語)	지쿠마쇼보 (筑摩書房)	2000
일러스트레이티드 런던 뉴스 간행회 엮음	일러스트레이티드 런던 뉴스 (イラストレイテド・ロンドンニュース)	가시와쇼보 (柏書房)	1997 ~2011
마쓰무라 마사이에(松村昌家) 감수	The Graphic: An Illustrated Weekly Newspaper	기노토모샤 (木の友社)	1999 ~2006
마쓰무라 마사이에(松村昌家), 가와모토 시즈코(川本静子), 나가시마 신이치(長島伸一), 무라오카 겐지(村岡健次)	영국 문화의 세기 5 세계 속의 영국 (英国文化の世紀 5 世界の中の英国)	겐큐출판사 (研究出版社)	1996
스탠리 웨인트라웁 (Stanley Weintraub)저/ 히라오카 미도리(平岡綠) 역	빅토리아 여왕 (ヴィクトリア女王)상·하	주오코론샤 (中央公論社)	1993

후기

19세기의 영국을 모델로 한 작품 설정과 자료 제공에 참가했던 적이 있습니다.

그런 일을 하다 보면, 당시 나라의 정점에 있었던 그녀의 존재를 항상 느끼면서 일을 하게 됩니다. 우표나 동전이나 머그컵에 인쇄되어, 잡지에서 오려내 난로 위에 붙이고, 만화가 되고, 광고에 쓰이고, 굳이 찾으려 하지 않아도 자료를 보고 있으면 눈에 들어옵니다. 그러고 보면, 애초에 처음으로 공동 저자 이름으로 들어갔던 저서의 제목이 『빅토리안 가이드(ヴィクトリアンガイド)』였습니다.

그로부터 15년, 언젠가 그녀와 마주 서리라고 생각은 했지만, 막상 착수하고 보니 자료는 많지, 해석도 다양해서 굉장히 힘들었습니다. 일기나 편지에 대해서는 출판된 것들을 중심으로, 미국 의회 도서관이나 하티 트러스트 등의 웹사이트에서 전자화된 동 시대의 서적 등도 이용했습니다.

기획을 생각하는 단계에서는 그녀의 인생을 축으로, 수수께끼가 많았던 왕궁의 의식을 해명하고 동시에 19세기의 생활로 넘어가서 전반적인 것을 다뤄볼 생각이었습니다. 하지만 적다 보니 어느새 그녀 자신의 개성과 감정의 움직임에 관심이 깊어졌고, 어느 쪽이냐고 하면 전기에 가까운 책이 완성되었습니다.

이것은 제가 본 그녀의 하나의 얼굴입니다. 당신의 안에서 또 다른 상을 맺는 데 도움이 되었다면 기쁘겠습니다.

2018년 8월 무라카미 리코(村上リコ)

영국 빅토리아 여왕과 귀족 문화

초판 1쇄 인쇄 2023년 1월 10일
초판 1쇄 발행 2023년 1월 15일

저자 : 무라카미 리코
번역 : 문성호

펴낸이 : 이동섭
편집 : 이민규
디자인 : 조세연
영업·마케팅 : 송정환, 조정훈
e-BOOK : 홍인표, 최정수, 서찬웅, 김은혜, 이홍비, 김영은
관리 : 이윤미

㈜에이케이커뮤니케이션즈
등록 1996년 7월 9일(제302-1996-00026호)
주소 : 04002 서울 마포구 동교로 17안길 28, 2층
TEL : 02-702-7963~5 FAX : 02-702-7988
http://www.amusementkorea.co.kr

ISBN 979-11-274-5849-2 03920

ZUSETSU VICTORIAJYOOU NO SHOUGAI
© RICO MURAKAMI 2018
Originally published in Japan in 2018 by KAWADE SHOBO SHINSHA Ltd. Publishers, TOKYO,
Korean translation rights arranged with KAWADE SHOBO SHINSHA Ltd. Publishers, TOKYO,
through TOHAN CORPORATION, TOKYO.

이 책의 한국어판 저작권은 일본 KAWADE SHOBO SHINSHA와의 독점계약으로
㈜에이케이커뮤니케이션즈에 있습니다.
저작권법에 의해 한국 내에서 보호를 받는 저작물이므로 무단전재와 무단복제를 금합니다.

*잘못된 책은 구입한 곳에서 무료로 바꿔드립니다.

창작을 위한 아이디어 자료

AK 트리비아 시리즈

-AK TRIVIA BOOK

환상 네이밍 사전
의미 있는 네이밍을 위한 1만3,000개 이상의 단어

중2병 대사전
중2병의 의미와 기원 등, 102개의 항목 해설

크툴루 신화 대사전
대중 문화 속에 자리 잡은 크툴루 신화의 다양한 요소

문양박물관
세계 각지의 아름다운 문양과 장식의 정수

고대 로마군 무기·방어구·전술 대전
위대한 정복자, 고대 로마군의 모든 것

도감 무기 갑옷 투구
무기의 기원과 발전을 파헤친 궁극의 군장도감

중세 유럽의 무술, 속 중세 유럽의 무술
중세 유럽~르네상스 시대에 활약했던 검술과 격투술

최신 군용 총기 사전
세계 각국의 현용 군용 총기를 총망라

초패미컴, 초초패미컴
100여 개의 작품에 대한 리뷰를 담은 영구 소장판

초쿠소게 1,2
망작 게임들의 숨겨진 매력을 재조명

초에로게, 초에로게 하드코어
엄격한 심사(?!)를 통해 선정된 '명작 에로게'

세계의 전투식량을 먹어보다
전투식량에 관련된 궁금증을 한 권으로 해결

세계장식도 1, 2
공예 미술계 불후의 명작을 농축한 한 권

서양 건축의 역사
서양 건축의 다양한 양식들을 알기 쉽게 해설

세계의 건축
세밀한 선화로 표현한 고품격 건축 일러스트 자료집

지중해가 낳은 천재 건축가 -안토니오 가우디
천재 건축가 가우디의 인생, 그리고 작품

민족의상 1,2
시대가 흘렀음에도 화려하고 기품 있는 색감

중세 유럽의 복장
특색과 문화가 담긴 고품격 유럽 민족의상 자료집

그림과 사진으로 풀어보는 이상한 나라의 앨리스
매혹적인 원더랜드의 논리를 완전 해설

그림과 사진으로 풀어보는 알프스 소녀 하이디
하이디를 통해 살펴보는 19세기 유럽사

영국 귀족의 생활
화려함과 고상함의 이면에 자리 잡은 책임과 무게

요리 도감
부모가 자식에게 조곤조곤 알려주는 요리 조언집

사육 재배 도감
동물과 식물을 스스로 키워보기 위한 알찬 조언

식물은 대단하다
우리 주변의 식물들이 지닌 놀라운 힘

그림과 사진으로 풀어보는 마녀의 약초상자
「약초」라는 키워드로 마녀의 비밀을 추적

초콜릿 세계사
신비의 약이 연인 사이의 선물로 자리 잡기까지

초콜릿어 사전
사랑스러운 일러스트로 보는 초콜릿의 매력

판타지세계 용어사전
세계 각국의 신화, 전설, 역사 속의 용어들을 해설

세계사 만물사전
역사를 장식한 각종 사물 약 3,000점의 유래와 역사

고대 격투기
고대 지중해 세계 격투기와 무기 전투술 총망라

에로 만화 표현사
에로 만화에 학문적으로 접근하여 자세히 분석

크툴루 신화 대사전
러브크래프트의 문학 세계와 문화사적 배경 망라

아리스가와 아리스의 밀실 대도감
신기한 밀실의 세계로 초대하는 41개의 밀실 트릭

연표로 보는 과학사 400년
연표로 알아보는 파란만장한 과학사 여행 가이드

제2차 세계대전 독일 전차
풍부한 일러스트로 살펴보는 독일 전차

구로사와 아키라 자서전 비슷한 것
영화감독 구로사와 아키라의 반생을 회고한 자서전

유감스러운 병기 도감
69종의 진기한 병기들의 깜짝 에피소드

유해초수
오리지널 세계관의 몬스터 일러스트 수록

요괴 대도감
미즈키 시게루가 그려낸 걸작 요괴 작품집

과학실험 이과 대사전
다양한 분야를 아우르는 궁극의 지식탐험!

과학실험 공작 사전
공작이 지닌 궁극의 가능성과 재미!

**크툴루 님이 엄청 대충 가르쳐주시는
크툴루 신화 용어사전**
크툴루 신화 신들의 귀여운 일러스트가 한가득

고대 로마 군단의 장비와 전술
로마를 세계의 수도로 끌어올린 원동력

제2차 세계대전 군장 도감
각 병종에 따른 군장들을 상세하게 소개

음양사 해부도감
과학자이자 주술사였던 음양사의 진정한 모습

미즈키 시게루의 라바울 전기
미즈키 시게루의 귀중한 라바울 전투 체험담

산괴 1
산에 얽힌 불가사의하고 근원적인 두려움

초 슈퍼 패미컴
역사에 남는 게임들의 발자취와 추억